BLV Ratgeber Essen und Trinken

Fisch in der Küche · Fleisch, Wurst und Schinken verarbeitet und hausgemacht
Gerichte aus dem Schnellkochtopf · Ich helf dir kochen
Knuspriges Brot aus dem eigenen Ofen · Praktische Vorratshaltung
zu Hause · Wild in der Küche

BLV Kochpraxis

Currys und was dazu gehört · Fruchtwein, Most und Säfte selbst gemacht
Knödel, Klöße und andere runde Sachen · Köstliches aus der Pilzküche
Nudel & Nudel · Paradiesische Apfelküche · Pasteten, Torten und Strudel
Spargel einfach Spitze · Überbackenes, Aufläufe und Puddings

BLV Idee & Praxis – Essen und genießen

Aus griechischen Küchen · Aus türkischen Küchen
Crêpes, Pfannkuchen, Omeletts · 1 × 1 der Mikrowelle
1 × 1 der richtigen Ernährung · Einlegen, Trocknen, Kandieren
Eis selbst gemacht · Genüßliche Weinkunde · Gesunde Wildkräuterküche
Käserezepte zum Kochen und Backen · Kartoffeln rund und gesund
Kinderfeste · Köstliche Obstspeisen · Die Kunst schlank zu bleiben
Die Kunst Tee zu trinken · Longdrinks und Cocktails
Obstkuchen – Obsttorten · Salate · Schnelle Küche für
1 und 2 Personen · Schwäbische Leibspeisen · Selber backen mit Vollkorn
Selbstgemachte Marmeladen und Gelees · Selbstgemachtes aus der
Küche zum Verschenken · Südtiroler Leibgerichte · Vegetarische Vollwertkost
Vollwertkost aus aller Welt · Vollwert-Nudelgerichte · Vollwert-Süßspeisen
Weihnachtliche Bäckerei · Zwiebelring und Knoblauchzeh

Fachbücher für die Gastronomie

Buffets und Empfänge · Fische und Krustentiere · Fleisch

Zum Thema »Lebe gesund«

Diät-Ratgeber bei Bluthochdruck und erhöhten Blutfetten
Diät-Ratgeber für Diabetiker · Es schmeckt auch ohne Fleisch
Kochbuch für Leber- und Gallendiät · Reformkost für alle Tage
Richtig essen wenn man älter wird · So ernährt man Kinder richtig
Vollwertkost mit Genuß · Von der gesunden Lebensweise

Weitere BLV Kochbücher

Am liebsten Gemüse · Das Backbuch für 1 + 2 Personen · Bayrische Kuchl
Chinesisch kochen Schritt für Schritt · Dr. Haas Top-Diät
Feld-, Wald- und Wiesenkochbuch · Fische und Meeresfrüchte
Das große BLV Buch der Kräuter und Gewürze
Das große Mikrowellen-Kochbuch · Gute alte Bauernküche
Die Intervall-Diät · Klassische Gerichte der internationalen Küche
Kochen mit Rundum-Hitze · Mikrowelle · Mit Heißluft braten, grillen, backen
Original Japanische Küche · Pralinen, Tee-Konfekt, Petits fours
Schnell ein Essen für uns zwei · Vorspeisen, Snacks, Bistrohappen

Der Wintzer.
Macht euch zum Grab geschickt, eh euch der Tod abpflückt.

Die Zeit legt zu des Wintzers Füssen
  der Safft-gefüllten Trauben Pracht;
  und stoltze Schönheit die heüt lacht,
wird morgen in die Kelter müssen,
  wo Schmertz und Tod die Krafft austreibet,
  daß nur die leere Hülse bleibet.

Egon M. Binder

Fruchtwein, Most und Säfte
selbst gemacht

Dritte, durchgesehene Auflage

BLV Verlagsgesellschaft
München Wien Zürich

CIP-Kurztitelaufnahme der Deutschen Bibliothek

Binder, Egon M.:
Fruchtwein, Most und Säfte: selbst gemacht / Egon M. Binder. – 3., durchges. Aufl. – München; Wien; Zürich: BLV Verlagsgesellschaft, 1987.
(BLV Kochpraxis)
ISBN 3-405-13061-1

Bildquellen

Alle Farbfotos und Titelfoto: Autor

Christoph Weigel, Abbildung der Gemein-Nützlichen Haupt-Stände..., Regensburg 1698, Seite 2
Passauer Neue Presse, Januar 1985, Seite 11
Daheim, Jahrgang 1984, Seite 41
Der curieus- und offenhertzige Wein-Artzt, Frankfurt und Leipzig 1753, Seiten 29, 38, 39, 60, 61, 78, 92, 93, 94, 95
Friedrich Sauer, Anleitung und Vorschriften zur Kelterung, Gotha 1921, Seite 84
J. J. Becher's Kluger Hausvater, Leipzig 1747, Seite 113
Schweizer Pionier der Wirtschaft und Technik, Seite 105
Alle anderen: Autor

Zeichnungen: Barbara von Damnitz

Das Werk einschließlich aller seiner Teile ist urheberrechtlich geschützt. Jede Verwertung außerhalb der engen Grenzen des Urheberrechtsgesetzes ist ohne Zustimmung des Verlags unzulässig und strafbar. Das gilt insbesondere für Vervielfältigungen, Übersetzungen, Mikroverfilmungen und die Einspeicherung und Verarbeitung in elektronischen Systemen.

© 1985 BLV Verlagsgesellschaft mbH, München 1987
8000 München 40

Gesamtherstellung: Pustet, Regensburg

Printed in Germany · ISBN 3-405-13061-1

Bei der Stoffsammlung für dieses Buch durfte ich den Ratschlag vieler Wein- und Mostexperten erfahren. Mein besonderer Dank für ihren reichen Erfahrungsschatz und ihre aufmerksame Unterstützung gilt:

Mostgemeinschaft des Schönberger Gartenbauvereins, Winzermeister Hermann Konrad, Sommerhausen
Kellerei-Ing. Martin Voit, Kitzingen/Main
Doris Kritzer, München
Horst Veicht, Furth
Hans Koller, Passau
Hans Fischer, Haus i. Wald
Maria Schloßgangl, Haag/Niederösterreich

Inhalt

Wie man auf den Most kommt – und was dabei herauskommt 7

Über den Most und das Mosten 7
Wer mag den Most wohl erfunden haben? 9
Most, das gesunde Getränk für jedermann 9
Brauchtum und Bauernregeln rund um den Most 10
Besuch im Mostmuseum im niederösterreichischen Mostviertel 14
Die Most- und Fruchtweinarten 20
Rentieren sich Mosten und Fruchtweinherstellung? 21

Das Mosten – was man dazu braucht 23

Maschinen und Geräte 24

Das Mostobst 26
Obstanbau, Ertrag und Verwertung 26
Mostobstbeschaffung, Qualität und Lagerung 27

Die Gärgefäße 29
Das Holzfaß 29
Der Glasballon 33
Der Kunststofftank 33
Der Edelstahlbehälter 34

Zugaben zum Mosten und zur Fruchtweinbereitung 34

Das Mosten – die Arbeitsabläufe und die erste Mostprobe 41

Das Vorbereiten des Mostobstes 42
Mostobstreinigung 42
Mostobstzerkleinerung 42

Die Saftgewinnung durch Pressen 44
Welche Saftmengen lassen sich erzielen? 45

Die Bestimmung des Mostgewichts 47
Die Mostwaage 47

> Neuer Most und junger Wein ist nicht gesund. Ein Wein 12. Monat alt, ein Brod 12. Stunden kalt, ein Ey von einem Tag, sind Dinge die ich mag. Welche Weine gesund und ungesund seyn.
> Warme Herbst-Nächte machen süsse Weine, sie sind aber nicht gesund. Kalte Herbst-Nächte machen saure Weine, die aber doch gesund seyn.

Qualitätsverbesserung durch Aufzuckern 48
Die Trockenverbesserung 48
Die Naßverbesserung 49

Die Steuerung des Säuregehalts 49

Der Gärprozeß 50
Selbstgärung 51
Flotter Start mit dem Gärstarter 52
Zusetzen von Reinzuchthefe 53
Schütteln, Rütteln und Rühren 54
Dauer der Gärzeit 54

Der erste Hefeabstrich 56
Leichter oder starker Most –
das Vinometer zeigt's an 56

**Das Haltbarmachen durch
Schwefelung** 57

Mostkrankheiten heilen 58
Essigstich 58
Zäher und schleimiger Most 59
Kahmiger Most 59
Schimmel 62
Der Most riecht nach Sauerkraut 62
»Mäuselnder« Most 62
Der »schwarze Bruch« 62
Schwefel- und Hefeböckser 63
Der Most riecht nach fauliger
Hefe 63

Die Flaschenabfüllung 64
Reinigen der Flaschen 64
Die Korken 64
Das Abfüllen 64
Die Flaschenfarbe 65

**Etikettierung, Lagerung,
Wein-Buchhaltung** 66
Etikettierung 66
Lagerung 66
Wein-Buchhaltung 67

**Die erste Mostprobe –
das Verkosten** 68

Rezepte

**Obst- und Fruchtweine in der
jahreszeitlichen Folge** 72

Liköre 86

Sekt aus eigener Herstellung 90

Alkoholfreie Fruchtsäfte 97

Der Süßmost und seine Pioniere 99

**Das Haltbarmachen von
Süßmost** 101
Pasteurisieren 101
Dampfentsaften 101

Rezepte

Gemüsesäfte 102

Beerensäfte 105

Obstsäfte 107

Kräuteressenzen 111

Der eigene Essig 114

Zum Most und aus Most 115

Quellenverzeichnis 117

Sachregister 118

Rezeptregister 119

Wie man auf den Most kommt – und was dabei herauskommt

Für Großvater gab es keine Alternative. Doch er war zeitlebens ein Alternativer, der Not gehorchend. Bier und Wein gab es auch zu seiner Zeit mehr, als getrunken werden konnte. Doch Bier und Wein kosteten Geld. Beides schätzte er, doch das Geld fehlte ihm. Und nicht nur ihm! Trotzdem aber war er nicht bar der genüßlichen Lebensfreuden. Er hatte ein Haus, das er sein eigen nennen konnte, und dazu ein Stück Land um sich und sein Haus. Ein von seinen Altvordern ererbter Mostbirnbaum, ein Heer von nicht gerade gepflegten Apfelbäumen und -bäumchen umstanden wie wilde Gesellen der Natur Haus und Hof, den Backofen und die Jauchegrube. Wie freute ihn doch der Anblick der blühenden Apfel- und Birnbäume im Frühling, der schattenspendende Hain im Sommer und die Pracht der reifenden, goldgelben und pausbackigen Früchte im Herbst! Mit dem Altweibersommer kam dann der ganz große Augenblick: Die Emsigkeit in Haus und Hof war ab der zweiten Hälfte des Septembers dem Obstgarten zugedacht. Tagtäglich mußte das Fallobst in den dafür bereitgestellten Holzschwingen eingesammelt werden. Waren alle hölzernen Behältnisse voll des leicht angefallenen Obstes, wurde der Sautrog, in dem man ansonsten hauptsächlich zur Faschingszeit dem Borstenvieh das Fell bzw. die Borsten abzog, als Obstlagerstätte zweckentfremdet. Kaum waren einige Zentner angehäuft, wurde auch schon mit der Mosterei begonnen. Als begehrten Durstlöscher bei dieser Arbeit gab es nicht nur den Jahresmost aus dem Vorjahr, sondern auch Saft von der neuen Ernte. Der

Wie wilde Gesellen umstanden die Mostobstbäume das Haus des Großvaters.

Großvater sprach stets zungenschnalzend vom »Bipperlmost«. Darunter zu verstehen ist der sehr süße, fruchtig duftende Saft, der, unmittelbar aus der Quetschvorrichtung kommend, in einem emaillierten Topf leicht erhitzt, dann aber wieder abgekühlt und so als Apfelsaft mit vollem Vitamingehalt serviert wird.

Ende der fünfziger Jahre starb Großvater und mit ihm in den Zeiten des Wirtschaftswunders die Freude am Mosten. Brauereien brachten den Haustrunk wöchentlich ins Haus. Die Requisiten des Mostens verfielen im Dachboden dem Dornröschenschlaf. Nur einzig der große Mostbirnbaum, der mit seiner Blüte im Frühjahr und seinem reichen Fruchtsegen im Herbst wie ein steter Mahner an die Mosterei-Tradition erinnerte, blieb über all die Jahre hinweg bestehen.

Ein Vierteljahrhundert mußte vergehen, bis man sich wieder mehr auf das alternative Leben besann, das Hausgemachte wieder in Mode kam und damit auch der Most und das Mosten, der Saft und das Entsaften. Und von der Begeisterung des überall wieder hörbaren Rufes »Zurück zur Natur« mitgerissen, kam der Autor dieses Buches nach einer generationslangen Unterbrechung auf den Most und schließlich zum Mosten. Der alte Mostbirnbaum stand dem Enkel mit seiner Ernte unangefochten für seine neuentdeckte Leidenschaft Pate. Zentnerweise fiel sein Segen in den ersten Herbsttagen auf den gepflegten Rasen, wurden die säuerlich schmeckenden Mostbirnen in Körbe und Säcke gefüllt. Und inzwischen war die gesamte Familie emsig bemüht, die seit über zwei Jahrzehnten leerstehenden Ballons zu säubern. Eigentlich neu gekauft werden mußten nur Verschlußkorken und Gärgläser. Bald war auch ein väterlicher Freund ausgekundschaftet, der noch eine alte Mostpresse in seiner Scheune stehen hatte, die tadellos funktionierte, obwohl auch sie im vergangenen Vierteljahrhundert in einen Dornröschenschlaf versunken war. Der Rat der älteren Generation half beim Zerkleinern bzw. »Mahlen« des Obstes dem Eifer der Jungen, feuerte das Pressen mittels Muskelkraft an, machte diesen schönen Herbsttag zu einem produktiven Erlebnis, das sich in den folgenden Jahren nicht nur wiederholen sollte, sondern die Freude ständig wachsen und die gemosteten Kontingente steigen ließ. Doppelte Freude wurde daraus, als auch die Freunde auf den Geschmack kamen und damit nicht nur beim Trinken mitmachten, sondern auch selbst nach alten Fässern und neuen Ballons Ausschau hielten. Beim Mosten wurden neue Freundschaften geschlossen, alte wieder aufgewärmt. Der Most wurde fast zu einer »Ideologie« der Freude am Selbstgemachten, die dann später dazu verleitete, es auch mit dem Entsaften für alkoholfreie Getränke zu versuchen, dazu selber Brot zu backen und sich wieder mehr auf das Hausgemachte zu besinnen. Kurzum: Mit alten Freunden wurde neue Freundschaft geschlossen.

Egon M. Binder

Über den Most und das Mosten

Wer mag den Most wohl erfunden haben?

Genauso wie der Erfinder des Rades oder des Bettes in keinem Lexikon der Welt zu finden sein wird, so wird auch der Erfinder von Wein und Obstwein nie erforscht werden können.
Schon in grauer Vorzeit kannte man bekanntlich die Gärung und damit die Zubereitung alkoholischer Getränke. Völker des Altertums, wie die Ägypter, Sumerer, Babylonier, Römer und Griechen und auch die alten Germanen, hatten es verstanden, alkoholische Getränke herzustellen. Im ersten Buch Mose ist davon die Rede:

Noah, der Ackermann, pflanzte als erster einen Weinberg. Und da er von dem Weine trank, ward er trunken und lag im Zelt entblößt. Als nun Ham seines Vaters Blöße sah, sagte er's seinen Brüdern draußen. Da nahmen Sem und Jafet ein Kleid und legten es auf ihrer beiden Schultern und gingen rückwärts hinzu und deckten ihres Vaters Blöße zu; und ihr Angesicht ward abgewandt, damit sie ihres Vaters Blöße nicht sahen.

Das aber sollte nicht die einzige biblische Aussage über den Wein sein. Bis hin zum letzten Abendmahl, als Jesus Christus den Wein in sein Blut verwandelte, wird die große symbolische Bedeutung dieses Getränks sichtbar.
Most ist Weinverwandtschaft. Die Obstweingewinnung dürfte es in West- und Mitteleuropa schon zur Hallstattzeit (750–500 v. Chr.) gegeben haben, denn man kannte bereits, wie Funde beweisen, Kirsch- und Apfelbäume, und als dann die Römer kurz vor dem Beginn unserer Zeitrechnung ins Land kamen, mußten sie die Kelten das Mosten nicht mehr lehren. Sie genossen ihren Most bereits in vollen Zügen aus irdenen Gefäßen. Kein Wunder also, daß der Name Most im althochdeutschen wie im mittelhochdeutschen Sprachgebrauch Eingang gefunden hat. Ein Hinweis darauf ist auch in Hans Römers Buch über spanische Trachten von 1523–1529 zu finden, in dem das Bildnis einer Frau mit den Worten überschrieben ist »Das ist auch ein Altweib im Bischgeien (Biskaya), di nie thain Äpfelmost trunckhen hat.«

Most, das gesunde Getränk für jedermann

Der griechische Arzt Dioskurides verglich in seiner Arzneimittellehre, die bis ins Mittelalter nachwirkte, im ersten Jahrhundert nach Christus die Wirkung des Mostes mit der eines süßen Weines:

Der süße Wein ist voll und verflüchtigt sich schwer aus dem Körper, er bläht den Magen auf; den Bauch und die Eingeweide beunruhigt er sehr wie auch der Most, macht aber weniger trunken. Für die Blase und die Nieren ist er wohltuend. Der herbe treibt mehr den Harn, bewirkt aber auch Kopfschmerzen und Trunkenheit, der saure ist am meisten geeignet zur Beförderung der Verdauung der Speisen; er stillt den Durchfall und die übrigen Flüsse. Der milde greift weniger das Nervensystem an, ist auch weniger harntreibend. Aller

9

Wein ist adstringierend, geeignet, den Puls zu beschleunigen und wirksam gegen alle die Gifte, welche nach einer Verwundung töten, wenn er mit Öl getrunken und wieder erbrochen wird; ferner gegen Mohnsaft, Pfeilgift, Schierling und Milchgerinnsel, gegen Blasen- und Nierenverwundungen und Geschwüre.

In der Zeit dieses großen Gelehrten kannte man aber auch bereits Zedern-, Wacholder-, Zypressen-, Lorbeer-, Fichten- und Tannenwein, wozu der Mediziner schreibt:

Alle sind sie erwärmend, harntreibend, etwas adstringierend, der Lorbeerwein zieht am meisten zusammen.

Als ein gutes Mittel gegen schlechte Verdauung, Appetitlosigkeit, Durchfall, Nerven- und Unterleibsleiden, gegen winterliche Frostschauer und Bisse giftiger Tiere, welche Kälte und Fäulnis im Gefolge haben, empfiehlt Dioskurides unter anderem:

100 Unzen zerstoßenen und gesiebten Thymian lege, in ein Leintuch gebunden, in einen Krug Most.

Doch auch Gaius Plinius Secundus der Ältere (24–79 n. Chr.) schwört auf das, wie er sagt, Blut der Erde. Abgeraten wird von ihm dagegen die Mischung verschiedener Weine. Als besonders heilsam aber stellt er z. B. Pfefferweine, mit Honig zubereitet, Wermut-, Myrten-, Wacholder- und Palmweine heraus.

Man schwor also im Altertum bis in unsere Tage stets auf die Selbstheilkräfte der Natur, griff zu Kräuterextrakten und Pflanzensäften, für den Gesunden zur Vorbeugung, für den Kranken aber zur Heilung.

Doch zurück zum Most: Alte Bauersleut' schwören drauf, daß ein Gläschen Most vor dem Zubettgehen ihnen den Schlaf beschert, den sie sich wünschen: tief, lang und mit schönen Träumen durchzogen.

Brauchtum und Bauernregeln rund um den Most

Vor dem 24. August, dem Namenstag von St. Bartholomäus, wird wohl kaum mit dem Mosten begonnen werden können, denn Apfel- und Birnenobst mag selbst bei der Verwendung zur Mostherstellung gut ausgereift sein. Doch schon viele Wochen und Monate vorher wollen die engagierten Mostler die im Herbst bevorstehende Obsternte und damit die Freude auf einen hohen Mostertrag prophezeien. Was sie von allerhand Bauernregeln und natürlich von der zur Blütezeit der Apfel- und Birnbäume vorherrschenden Witterung abhängig machen.

Als besonderer Lostag, also geheimnisumwitterter Entscheidungstermin, gilt der Tag Mariä Verkündigung. Herrscht zu diesem Termin schönes Wetter, so will die Ernte recht fein und groß ausfallen. Vom Ostersonntag erwartet man sich, was das Wetter betrifft, genau das Gegenteil, denn: So viele Tröpfel am Ostersonntag, so viele Äpfel. Auch ein verregneter St. Pankraztag, der 12. Mai, soll eine gute Obsternte ankündigen. Ja, Mitte Mai sind überhaupt die entscheidenden Tage für den Erntesegen, wenn die drei Eismänner, Pankraz, Servaz und Bonifaz, und die vierte im Bunde, die »kalte Sophie«, ins Land ziehen. Ein Kälteeinbruch am 12., 13., 14. und

15. Mai kann nämlich die ganze Obstblüte vernichten und damit auch die Ernte in Frage stellen. Gesagt wird auch, daß jener kluge Hausvater, der am St. Wolfgangstag, dem 31. Oktober also, seine Obstbäume kräftig düngt, im darauffolgenden Jahr mit einer sicheren Rekordernte rechnen kann.

*

Wenn der Most sich eben regt,
Süß noch, doch schon pricklig,
Sei dir dies ans Herz gelegt,
Als besonders schicklich,
Daß zum Most
Auf dem Rost
Du Makronen braten sollst.
(Otto Julius Bierbaum, »Sonderbare Geschichten«)

*

Der Most, der gärend sich vom
Schaum geläutert,
Er wird zum Trank, der Geist und
Sinn erheitert.
(Goethe, »Was wir bringen«, 1802)

*

Wenn sich der Most auch ganz
absurd gebärdet,
Es gibt zuletzt doch noch e' Wein.
(Goethe, »Faust II«, 1831)

Sankt Sebastian, der Mostheilige

Im Glauben der Menschen in bäuerlichen Gegenden spielten Heilige als Nothelfer in allen Lebenslagen schon seit urdenklichen Zeiten eine große Rolle, und man suchte sich auch für jeden Zweck den richtigen Heiligen aus, was teils aus ihrem Leben abgeleitet wurde. Und nachdem der heilige Sebastian bei seinem Martyrium an einen Obstbaum angebunden gewesen sein soll, nahm man kurzerhand ihn her als den Mostheiligen.

Sein Namenstag wird am 20. Januar gefeiert. An diesem Tag wird all jenen Leuten, die auf einen guten Most und vor allem auf viel Most etwas halten, empfohlen, einen Fasttag einzulegen, an dem man weder Obst noch Fleisch, weder Most noch andere alkoholische Getränke zu sich nehmen sollte. Als Dank für dieses Opfer soll der heilige Sebastian als Fürsprecher dafür dienen, daß dem so Tiefgläubigen ein reiches Erntejahr beschieden wird.

Wie die Legende erzählt, soll der heilige Sebastian während seines Martyriums an einen Obstbaum gebunden worden sein. Er wurde deshalb zum Mostheiligen erwählt.

Alte Bauernregeln

*Im Januar viel Regen und Schnee
tut Bäumen, Bergen und Tälern weh.*

*

*Wenn Martina (30. Januar) Sonnenschein,
Hofft man auf viel Frücht' und Wein.*

*

*Sind im Januar die Flüsse klein,
Gibt's im Herbst einen guten Wein.*

*

*Märzen trocken, April naß
Bringt Korn in den Sack und Wein ins Faß.*

*

*Kommt Nebel, wenn die Bäume blühn,
So wirst Du nicht viel Obst erzielen.*

*

*So wie der Mai
Werden Obst und Heu.*

*

*Hat St. Urban (25. Mai) Sonnenschein,
Bringt er viel und guten Wein,
Hat er Regenschauer,
Wird er sauer.*

*

*O heiliger St. Veit (15. Juni), regne nicht,
Daß es uns nicht an Obst und Wein gebricht.*

*

*Was der Juli nicht kocht,
Kann der September nicht braten.*

*

*Wenn die Hundstage gießen,
Muß die Traube büßen.*

*

*Juli kühl und naß,
Leere Scheunen – leeres Faß.*

*

*St. Jakobus (25. Juli) bringt den Saft
in Äpfel und Birnen.*

*

Gute Kornjahre sind schlechte Obstjahre.

*

*Der August muß Hitze haben,
Sonst wird der Obstbaumsegen begraben.*

*

*Wenn's regnet im August,
Regnet's Honig und guten Most.*

*

*Ist Laurentius (10. August) ohne Feuer,
Gibt's ein kaltes Weinderl heuer.*

*

*St. Lorenz (10. August) mit heißem Hauch,
Füllt dem Winzer Faß und Schlauch.*

*

*Mariä Himmelfahrt (15. August) klarer Sonnenschein,
Bringt meistens viel und guten Wein.*

*

*Hört man im Sommer Füchse bellen,
So gibt's guten Wein.*

*

*Nit zu kühl, nit zu naß,
Füllet die Speicher und die Faß.*

*

*Scheint die Sonn' fein und klar nach ihrer Art
An unserer lieben Frauen Himmelfahrtstag,
So ist's ein gut Zeichen bei den Leuten,
Denn es soll viel guten Wein bedeuten.*

*

*Ein fauler Apfel machet schnell,
Daß auch bald faul wird sein Gesell.*

*

*Wenn der September noch donnern kann,
Dann setzen die Bäume viel Blüten an.*

*

Um Obstbäume vor schädlichen Frösten und Herbsttau zu schützen, sollte man mit Wasser gefüllte Eimer unter die Bäume stellen.

*

Die letzten Früchte sollte man an den Obstbäumen lassen, sie gehören den Vögeln.

*

*Auf den Sankt Gallentag
(16. Oktober)
Muß der Apfel in seinen Sack.*

*

*Oktobersonne kocht den Wein
Und füllt auch große Körbe ein.*

*

Auf Martini (11. November)
*schlachte man das Schwein
Und wird der Most zu Wein.*

*

Kehrt St. Martin (11. November) *ein,
Ist jeder Most schon Wein.*

*

*Viel Wind in den Weihnachtstagen,
Reichlich Obst die Bäume tragen.*

*

*Soll der nächste Wein gedeih'n,
Muß St. Stefan* (26. Dezember) *ruhig sein.*

*

Besuch im Mostmuseum im niederösterreichischen Mostviertel

Oh Gott, segne die Wälder und die Bäum und alle im ganzen Haus zugleich – damit sich ein jedes freue, wenn ich guten Most erzeuge.

An Gottes Segen ist alles gelegen.

*Oh Gott, wenn du kein' Most nicht schickst,
So nützt uns Faß und Presse nichts.*

Wer Most nicht nur als saisonales Ereignis betrachtet, sondern tiefer in die »Mostologie« einsteigen möchte, kann sich einen kulturgeschichtlichen Überblick über das Mosten am besten bei einer Reise in das klassische Mostland verschaffen, bei einer Reise nach Niederösterreich, speziell in das Land zwischen Ybbs und Enns, das seit Jahrhunderten als Kernland eines der ertragreichsten und qualitativsten Mostanbaugebiete gilt. Schon seit dem Mittelalter gibt es hier Mostkulturen. Auf der Autobahn zwischen Linz und Wien soll, wer für einen kurzen Abstecher Zeit hat, nach ungefähr einer halben Wegstunde hin zur Stadt Haag abzweigen, denn hier haben Mostfreunde aus Tradition wahre Schätze zur Geschichte des Mostens im Mostviertelmuseum zusammengetragen. Von außen sieht die Werkhallenfassade dieses Museums zwar nicht gerade einladend aus, aber im Innern sind die Möglichkeiten des sich Hineindenkens in die einstmals so große wirtschaftliche Bedeutung des Mostes um so begeisternder und: Der Mostviertlermost, das ist schlechthin das, was für den Weinkenner die erlesenen Tropfen eines Baron Rothschilds sind. Auf dem Weg ins Mostviertel fallen einem da und dort auf Hinweis- und Firmenschildern Namen auf, wie Bierbaumer, Kerschbaum, Unter- und Oberholzapfelberg, Mostner und dergleichen mehr, an denen man schon ablesen kann, welche große Bedeutung hier einstmals der Most hatte und zweifelsohne auch heute noch hat. Für die Wirte in dieser Gegend hatte der Ausschank von Most eine ähnliche wirtschaftliche Bedeutung wie anderswo Bier oder Wein. Obstmost ist hier Volksgetränk, so daß es nicht verwundert, daß man ihn in Nieder- wie in Oberösterreich als »Landessäure« betitelt.

»A Mosthaus is a guats Haus«, kann man im Ortsmittelpunkt von Haag an der dort zur Schau gestellten riesigen Mostpresse lesen, die gewissermaßen als Wegzeiger zum Mostmuseum fungiert. Maria Schloßgangl, die Kustodin, empfängt uns mit jenem Charme, den man einfach von den Österreichern erwartet. Und sie weiß viel über den Most zu erzählen, viel über die Gerätschaften, die dabei Verwendung fanden. So wurde einst beim Großbauern ein Pferd angespannt, um einen riesigen Mühlstein in der sogenannten Nursch, in die das Obst geschüttet wurde, zu bewegen, um so das Obst auszupressen. Ein wahres Kunstwerk, eine wunderhübsche Schreinerarbeit stellt die hier ausgestellte fünfspindelige Obstpresse mit mancherlei Zierwerk und frommen Sprüchen dar. Die fünf Spindeln sagen aus, daß hier einstmals gleichzeitig fünf Knechte werkeln konnten, um für den Winter die enorme Mostfülle zu produzieren.

In großen Gehöften gab es sogar ein eigenes Haus für das Mostpressen,

Der Geschichte der Mostherstellung wurde von der Stadt Haag in Niederösterreich ein eigenes Museum gewidmet mit überaus kunstvollen, teils mehrspindeligen Obstpressen.

Bauersleut' spannten ein Pferd ein, wenn es ans Mosten ging. Ein gewaltiger Mühlstein zerquetschte in einer steinernen »Nursch« das Mostobst. Die ganze Vorrichtung ist unter der Bezeichnung »Roßwalzl« bekannt.

das sog. Preßhaus; meistens war darunter der Mostkeller angelegt, so daß man von der Mostpresse den Saft mittels eines Rohres direkt in den Bottich ableiten konnte. Damit sparte man sich die Arbeit, den Most mit Eimern von einem Ort zum anderen zu schleppen. Maria Schloßgangl erzählte uns beim Museumsbesuch, daß nicht nur Schreiner an einer solchen Mostpresse gearbeitet haben, sondern zugleich auch Zimmerleute und ein Drechsler, der die Spindel in mühevoller Arbeit gestaltete.

Doch damit nicht genug, es mußte auch noch ein Wagner bestellt werden, der die Mostpresse mit den nötigen Eisenteilen beschlagen hat. Und immer wieder zeigen die Kerbschnitte und Zierelemente die gläubige Beziehung der Mostbauern zu Gott, denn es sind die Namen Jesu und Mariens eingeschnitten. Doch auch germanische Symbole, wie das Sonnenrad, das Fischblasenornament, sind in guter Eintracht mit dem Auge Gottes und dem Marienmonogramm auf diesen kunstvoll gestalteten Mostpressen zu stehen.

Im Jahre Christi bin ich rein gemacht, aber noch reiner der Saft, weil er dumm macht. Gelobt sei der Name Jesu Christi und der Name Mariens.

Die Kustodin wußte aber auch über die wirtschaftliche Vergangenheit der Mostobstbauern zu erzählen und darüber, daß die beim Mosten entstandenen Rückstände, der Trester also, getrocknet und beim Drusch im Dampfkessel verheizt wurden. In feuchtem Zustand, wenn es Äpfel allein waren, wurden sie den Kühen verfüttert.

»Es ist bei uns so der Brauch, daß meistens Mischlingsmost gemacht

Eine kunstvolle Schreiner- und Drechslerarbeit: mehrspindelige Mostpresse (Mostmuseum Haag/ Niederösterreich).

Der Apfel und Birnenkeller
Geld dem Meister und Gesellen...

E S lebe der Hausherr und die Hausfrau, Sie Lohnen
uns treu u. wir auch zufrieden dabey. E S lebe der
Meister Hoch in Ehrn u. wir Gesellen loben klingen.

1811 IHS   FRANZ RIEGLER   MR   1811

wird, Äpfel und Birnen also zusammen ausgepreßt werden. Der Apfelmost ist zwar wertvoller, aber der braucht mindestens ein Jahr Lagerzeit, bis er bei uns und für unseren Geschmack trinkreif ist, je länger er lagert, desto besser wird er und schwerer, also mehr Gehalt hat er«, weiß Maria Schloßgangl aus Erfahrung zu berichten.

Doch auch zu Zeiten, als es noch keine Obstpressen gab, wußte man sich zu helfen. So findet sich im Mostmuseum ein riesiger Stampftrog, der aus einer 150 Jahre alten Eiche hergestellt wurde. Die Zimmerleute haben, damit sie sich das Aushöhlen erleichterten, inmitten dieses Eichenstammes ein Feuer gemacht, um so das hart zu bearbeitende Material zu verkohlen und leichter aufhacken zu können. Als eine »Leuteschindermühle« stellt die Museumsbegleiterin eine Birnenmühle vor, denn hier war es meist ein Ehepaar, das von Antlitz zu Antlitz oft bis spät in die Nacht hinein kurbelte, um das durch eine kleine Öffnung im Oberteil von einem Kind eingeworfene Obst zu zermalmen. Eine schweißtreibende Arbeit! Erst in der zweiten Hälfte des 19. Jahrhunderts wurden Pressen mit Zahnradgetriebe hergestellt, die mit Druckbäumen und Preßsteinen ausgestattet waren und so sich die Hebelkraft zunutze machten. Immer wieder faszinieren bei diesem Gang durch das Mostmuseum die vielfältige Handwerkskunst und die kunsthandwerklichen symbolischen Verzierungen. So weist die Kustodin auch auf eine eingeschnitzte Schlange hin, die sich im Relief entlang der Mostpresse schlängelt. Sie meint, dieses Symbol habe eine mehrfache Bedeutung: Beim Kaufmann bedeute es die Klugheit, beim Arzt die Heilung und hinsichtlich des Alkohols weise es auf die Gefährlichkeit der Giftschlange hin.

Sehr köstlich ist der Birnen- und Apfelsaft,
Den diese Presse rein und edel macht,
Doch hüte Dich vor viel Getränk,
Sonst wird Dir Leben und der Weg zu eng!

heißt es humorvoll auf einer Mostpresse, die sich unweit von Haag im Autobahnrasthaus, das, wie könnte es auch anders sein, »Mostviertelrast« benannt ist, befindet. Man sieht auch an diesem Beispiel, wie stolz die Mostviertler heute noch auf ihren Most sind. Der Chronist Johann Hintermayr von Haag schreibt im Museumsführer:

Gottlob gibt es auch heute noch viele Kenner und Liebhaber für das einzige Volksgetränk, denn bestimmte Möste munden besser als Bier und Wein und sind preislich günstiger. Dadurch gibt es noch Mosthäuser, die durchschnittlich 300 Eimer (1 Eimer = 56 Liter) pro Jahr und auch mehr verkaufen. Natürlich ist dieses Geschäft mühsamer geworden, denn der Most wird nicht mehr in großen Einheiten verkauft, sondern in kleinen Mengen, in Kisten mit Flaschen. Erschwerend wirken sich die vielen lohnintensiven Arbeitsvorgänge aus, denn gerade das Obststangeln, worunter man das Herunterschlagen des Mostobstes vom Baum und das Auflesen versteht, lassen sich maschinell nicht bewältigen.

Kunstvoll mit heidnischen wie christlichen Ornamenten verziert sind die im Mostviertel zu Haag ausgestellten Mostpressen.

19

Die Most- und Fruchtweinarten

So vielfältig wie die Früchte zum Mosten sind die wohlmundenen Getränke, die man selbst herstellen kann. In wenigen Stichworten sollen vorab die einzelnen Produkte charakterisiert werden.

Apfelzider

Im Norden Deutschlands wie auch in Frankreich und England ist die Herstellung von Obstweinen mit höherem Alkoholgehalt bevorzugt, während man in Süddeutschland und den Alpenländern eher zum Obstmost mit niedrigerem Gehalt greift. Begnügt man sich im Süden weitgehend mit Tischweinen von 5–6 Volumenprozent Alkohol, hat der Apfelzider der Norddeutschen 13–17 Volumenprozent. Bei Apfelzider handelt es sich um einen Apfeldessertwein, der durch Aufzuckerung 120–130 Öchslegrade erreicht.

Dessertwein

Durch Zuckerzugaben wird bei Frucht- wie Obstweinen ein Alkoholgehalt von über 13 Volumenprozent erreicht, was auch die Haltbarkeit verbessert. Ein Dessertwein setzt ein Mostgewicht zwischen 120 und 130 Öchslegraden voraus.

Fruchtwein

Versteht man unter der Bezeichnung Wein richtigerweise nur Traubenwein, so kann Fruchtwein auch aus allen anderen Früchten, Obst wie Beeren, hergestellt sein. Selbst Honig und Kräuterzugaben sind möglich. Bei der Vermischung von zwei oder mehreren Säften ist der Name Mehrfruchtwein geläufig.

Liköre

Für den Hausgebrauch lassen sich überaus mundende Liköre aus drei Grundsubstanzen herstellen: aus Weingeist (96prozentig), dem Muttersaft von Früchten und Zuckerwasser (nach entsprechendem Rezept).

Likörwein

Die Mischbezeichnung »Likörwein« trifft vor allem für ein Getränk zu, das aus grünen, unreifen Walnüssen, kräftiger Zuckerzugabe, Wasser und Reinzuchthefe gewonnen wird und einem Gärungsprozeß ausgesetzt sein muß. Weingeist muß nicht zugesetzt werden.

Most

Fachsprachlich gesehen ist Most der beim Keltern gewonnene Saft aus Trauben. Umgangssprachlich versteht man im süddeutschen, österreichischen wie schweizerischen Raum darunter den vergorenen Obstsaft, also den Obstwein.

Obstwein

Diese Bezeichnung gilt als Überbegriff für Wein aus Obstsaft. Bei Obstweinen, süddeutsch mit Most bezeichnet, ist auch eine Mischung möglich, ja sogar zu empfehlen, so als Apfel- und Birnenmost. Im Frankfurter Raum heißt der Apfelwein »Äppelwoi«.

Sekt

Sekt läßt sich, sieht man von hohen Qualitätsansprüchen ab, nicht nur aus Traubenweinen produzieren. Zur Sektherstellung für den Hausgebrauch können Obst- und Fruchtweine, die vollkommen geklärt sein müssen, zur Verwendung kommen. Nach einer Aufzuckerung und der Einleitung eines weiteren Gärprozesses, was in Flaschen geschieht, die einen Druck von 5–6 atü aushalten müssen, erhält man ein sehr prickelndes Getränk.

Süßmost

Alkoholfreier Fruchtsaft, der durch ein entsprechendes Haltbarmachungsverfahren, zum Beispiel Pasteurisierung (Erhitzung), zur Lagerung aufbereitet ist.

Tischwein

Die Bezeichnung Tischwein sagt aus, daß es sich hierbei um einen Wein aus Trauben wie anderen Fruchtarten handelt, der einen normalen Gärprozeß hinter sich hat. Bei Tischweinen liegt der Alkoholgehalt in der Regel unter 11 Volumenprozent. Hierunter fallen auch Apfel- und Birnenmost(wein). Geschmacklich haftet dem Tischwein mehr Herbe als Süße an.

Wein

In der Fachsprache steht der Begriff »Wein« allein für Wein aus Traubensaft.

Rentieren sich Mosten und Fruchtweinherstellung?

Schlecht zu beantworten, diese Frage. Will man die Antwort nicht in Mark und Pfennig ausgedrückt haben, so kann man von vornherein sagen: Jawohl! Die Freude am eigenen Getränk ist jedenfalls Lohn genug für den, der sich an das »Abenteuer« Mosten und Fruchtweinzubereitung zum ersten Mal heranwagt. Doch hier kurz einige Anhaltspunkte, welche Kosten auf einen »Amateur-Kellermeister« zukommen. Preisangaben für das Mostjahr 1986 am Beispiel der Apfelweinherstellung:

Am Anfang steht das Obst. Hat man es nicht, muß man es kaufen. Der Zentner Mostobst, in Säcken verpackt, die zurückzugeben sind, kostet je nach Landstrich und Qualität zwischen 5 und 8 DM.

Für den, der sich auch die Keltergerätschaft als Erstausstattung besorgen muß, hier einige Preisbeispiele: Ein Glasballon für 25 Liter mit Holzgestell ist ab 44,50 DM, für 50 Liter mit Plastikkorb ab 51,50 DM zu haben. Ein Plastikfaß mit etwa 60 Litern Inhalt kostet 58 DM, mit 120 Litern 87 DM. Gäraufsätze liegen bei 2,50–5,70 DM, die dazugehörigen Gärkappen bei 1,35–2,80 DM, Gärkorken bei 0,60 bis 1,15 DM.

Der Preis für Reinzuchtheferassen liegt pro Fläschchen für eine Ballonkultur von rund 50 Litern Most bei rund 3,75 DM. Für Hefenährsalztabletten zahlt man pro 10 Stück, 0,8 Gramm pro Tablette, 2,50 DM. Für Schwefelpulver, ebenfalls in Tablettenform abgegeben, für 10 Stück zu je 1 Gramm, 2,50 DM. Milchsäure (125 ccm Flasche) kostet 5,20 DM, um nur die wichtigsten »Zutaten« zu nennen.

Wünscht man sich ein neues Eichenfaß für die Hausmosterei von einem Faßbinder alter Tradition, so muß man dafür bei einen Mostquantum von 50 Litern rund 190 DM hinblättern.

Und was verlangen die Lohnmostereien für das Abpressen einer Obstmenge, von der man 50 Liter Rohsaft erwarten kann? Sicher wird das landauf und landab sehr verschieden sein. Als mittlerer Preis aber kann bei einer solchen Menge 15 DM angenommen werden. Liebäugelt man mit dem Ankauf einer eigenen Spindelpresse mit aufgesetzter Mühle, ist eine solche Investition kaum unter 800 DM zu tätigen, das allerdings bei Modellen, die nur von eigener Muskelkraft betrieben werden können. Hydraulische Pressen kosten ein Drei- und Mehrfaches.

Da Most

Wannst du an guatn Most
A wengerl z'vül kost,
Wiast eahm z'vül vatraust
Und z'tiaf einischaust
ins Krügl – mei Mann –,
So kriagt er di(ch) dran!

Mir kennana z'guat
Er geht glei(ch) ins Bluat,
Du siagst glei vakehrt,
Er haut di(ch) um d'Erd,
Er hebt da dein Mogn,
Ma kann's frei net sogn,
Wos er olas vamog.

Drum erst gor net frog,
Wos's Weiberl sogt dir,
Wannst hoamkimmst zu ihr
Und host an kloan Nigl;
Stellts d'Hoar wie a Igl
In d'Höh', – schreit di(ch) an:
»Du b'soffana Mann!«
Jo, jo 's kann passiern,
Er kann di(ch) vaführn.

Da Most is a Tröpfel,
Gott sölm hot'n g'weicht,
Er woaß, wiavül Köpfel
dös Tröpfel schon g'eicht.
(Aus dem Gedichtband
»Am Anger« von Franz Brunner,
Niederösterreich)

Das Mosten – was man dazu braucht

*Blick in eine gewerbsmäßige Kelterei,
die sich auf Heidelbeerwein spezialisiert hat.*

Gärgefäße

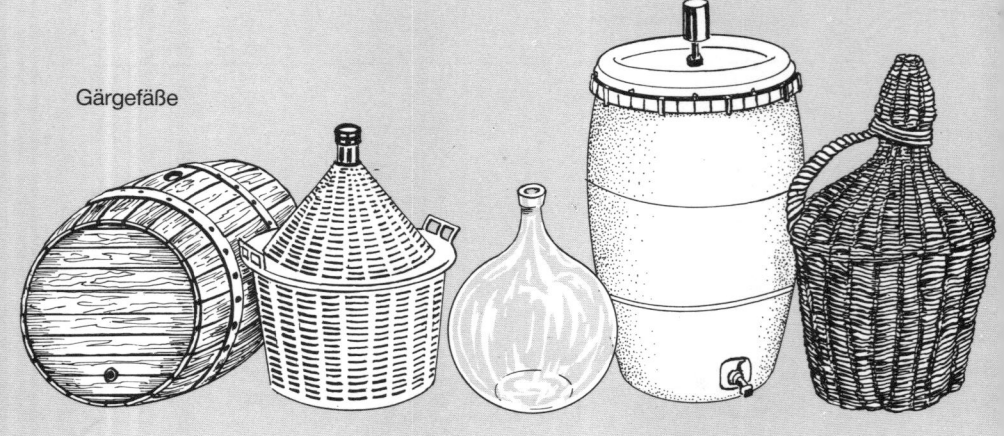

Maschinen und Geräte

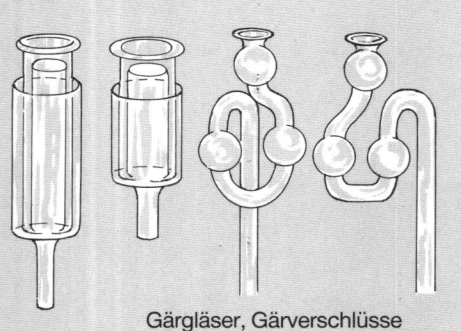

Gärgläser, Gärverschlüsse

Lagerbehälter

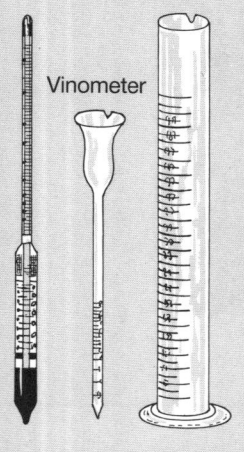

Vinometer

Öchslewaage   Meßbecher

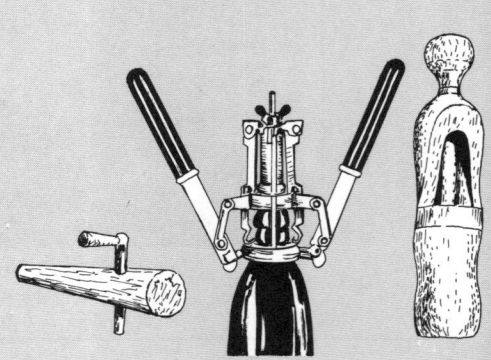

Verkorkungsgeräte

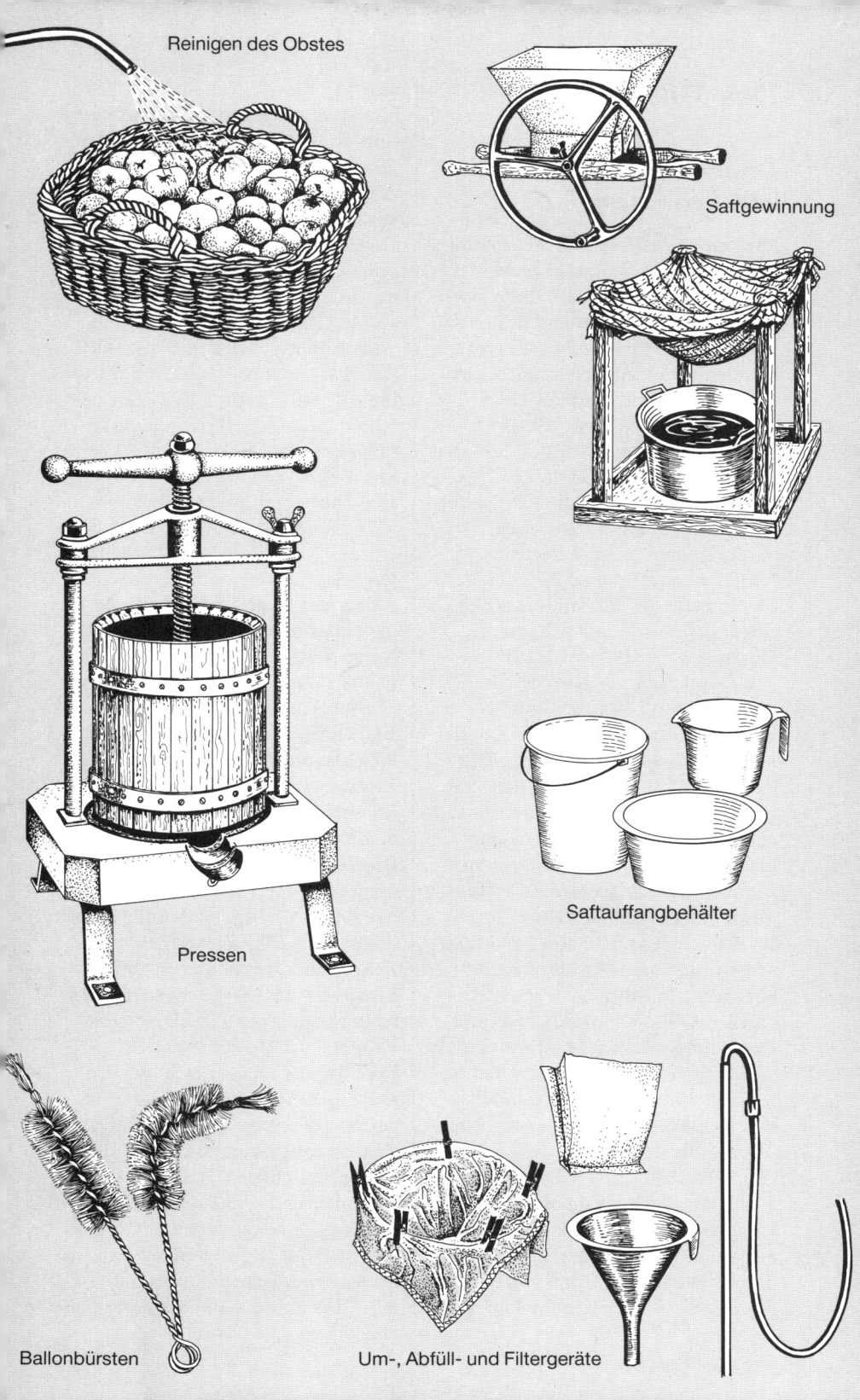

Das Mostobst

Obstanbau, Ertrag und Verwertung

Für den Normalverbraucher fällt in unseren Tagen, wohnt er nicht in einer obstreichen Gegend, die volkswirtschaftliche Bedeutung des Obstanbaus kaum groß ins Auge. Doch blenden wir zurück. Wie zeigte sich der Obstbaumbestand des Deutschen Reiches im Jahre 1934? Damals überwog ganz klar die Zahl der Apfelbäume mit 53 Millionen. An zweiter Stelle folgten die Birnbäume mit 21 Millionen, Süßkirschen 6,5 Millionen, saure Kirschen 7 Millionen, Pflaumen 28 Millionen, was Ernten von 9,5 Millionen Doppelzentner Äpfel, 3,8 Millionen Doppelzentner Birnen, 1,3 Millionen Doppelzentner Kirschen, 4,6 Millionen Doppelzentner Beerenobst und 3 Millionen Doppelzentner Pflaumen einbrachte. Die Zahl der Obstbäume ist in den vergangenen beiden Jahrzehnten zwar etwas zurückgegangen, doch imponiert die neuere Statistik aus dem Jahre 1982 nicht weniger. Gezählt wurden in der Bundesrepublik 46 Millionen Apfelbäume, 12 Millionen Birnbäume, 48 Millionen Süßkirschen-, 16 Millionen Pflaumen- und 1,6 Millionen Mirabellen- und Reneklodenbäumchen. Hierbei ist natürlich nicht jeder Obstbaum hinter dem Haus gezählt; es handelt sich weitgehend um den erwerbsmäßigen Anbau.

Den Süßmoster und Fruchtweinhersteller werden aber mehr jene statistischen Zahlen interessieren, die aussagen, welchen Ertrag man so in den vergangenen Jahren von einem Apfel-, Birn- oder Kirschbaum, um nur drei Beispiele zu nennen, erwerben konnte. Das Wirtschaftsministerium in Bonn hat konkrete Zahlen, und die sind zur Disposition beim Anlegen eines Obstgartens, hat man es auf die Mostherstellung und die Gewinnung von Fruchtsäften abgesehen, überaus interessant. Nehmen wir das gute Obstjahr 1982, allseits als ein Rekordjahr gelobt, an. In diesem Jahr wurden, durchschnittlich gesehen, pro Baum 56,9 kg Äpfel, 43,7 kg Birnen, 35,7 kg Süßkirschen, 20 kg Sauerkirschen, 38 kg Pflaumen und Zwetschgen, 27 kg Mirabellen, 16 kg Pfirsiche, 3,4 kg Johannisbeeren pro Strauch und 3,7 kg Stachelbeeren pro Strauch geerntet.

Doch es gab auch schlechtere Jahrgänge, um nicht die Ertragseuphorie in den Himmel wachsen zu lassen. Nehmen wir z. B. das Jahr 1981 an: Damals konnten pro Baum nur 16,9 kg Äpfel, 21,6 kg Birnen, 10,5 kg Süßkirschen, 11,1 kg Sauerkirschen und 9,4 kg Pflaumen bzw. Zwetschgen »eingefahren« werden. Im großen und ganzen aber, so kann dem weisen Buch des Statistischen Bundesamtes entnommen werden, pendelt sich der Ertrag bei Apfelbäumen um 40 kg, bei Birnbäumen um 30 kg, Süßkirschbäumen um 24 kg, Sauerkirschbäumen 19 kg, Pflaumen- und Zwetschgenbäumen bei 9 kg ein. Wer also eine eigene Plantage für Mostobst und für Fruchtweine anlegen will, der kann seine von ihm erwartete Quantität getrost diesen bundesweit gültigen Zahlen entnehmen. Sicher ist dabei zu berücksichtigen, daß z. B. im Rheinland bessere Ergebnisse erzielt werden können als etwa in Gebirgs- und Mittelgebirgsregionen.

Interessant erscheint auch, daß, so lehrt die Statistik, die Verwendung der Obsternte zu über 40% als Eigenverbrauch, 33% als Verkauf für Eßobst und der Rest zum Verkauf als Verwertungsobst erfolgt. Die nicht abgeerntete Menge schwankt, am Beispiel der Jahre 1981 und 1982 gesehen, zwischen 1 und 4 Prozent.

Mostobstbeschaffung, Qualität und Lagerung

Herr: Es ist Zeit.
Der Sommer war sehr groß.
Leg Deinen Schatten auf die Sonnenuhren,
Und auf den Fluren laß die Winde los.
Befiehl den letzten Früchten voll zu sein;
Gib ihnen noch zwei südlichere Tage,
Dränge sie zur Vollendung hin und jage
Die letzte Süße in den schweren Wein . . .
(Rainer Maria Rilke)

Mostobstbeschaffung

Wenn man auch die Monate Juni, Juli und August für die Ernte von Erdbeeren und Himbeeren, Rhabarber und Kirschen, Stachelbeeren und Holunderbeeren schätzt, so freut sich doch jeder, der einen Garten sein eigen nennt, auf die Obsternte im Herbst. Wenn die Blätter sich färben, ist es soweit. Die Stielprobe wird gemacht: Lassen sich die Stiele leicht von Birnen und Äpfeln entfernen, dann kann geerntet werden. Eine solche Ernte hat viele Tücken, denn wer an alte Birnbäume denkt, die oft recht hoch in den Himmel ragen, der weiß, daß man hierzu Leitern und lange Stangen braucht, um dem Baum die letzte Frucht beim sog. Stangeln, d. h. Herunterschlagen der Früchte, zu entlocken, da man ja nicht warten kann, bis der letzte Herbststurm die letzte Birne vom Baum gerissen hat. Doch bei einer solchen Ernte kann jung und alt mithelfen, und für die kleinen Kinder ist es ebenso spaßvoll wie für die Erwachsenen. Eine Mostobsternte kann zu einem echten Erlebnis werden. Das aber muß nicht unbedingt im eigenen Obstgarten sein. Auf vielen Bauernhöfen kann man dieses Erlebnis gegen ein paar Mark Trinkgeld geboten erhalten. Man muß also hinaus aufs Land fahren, um an Mostobst zu kommen, und man tut gut daran, sich rechtzeitig dafür anzumelden, da ja in den vergangenen Jahren Mosten sich einer zunehmenden Renaissance erfreut. Wenn man eine solche Tournee startet, rüstet man sich am besten mit »rupfenen« Säcken aus, also mit Säcken aus Jute, in denen das Obst genügend Luft hat, da bei Plastiksäcken die Gefahr des allzu schnellen Verfaulens besteht. Günstig zu Mostobst kommt man auch bei ländlichen Lagerhäusern, die von den Bauern Mostobst angeliefert bekommen und dieses selbstverständlich an Ort und Stelle gerne sofort umschlagen. Je nach Obstjahr kann man dort zwischen fünf und zehn Mark den Zentner Mostobst erwerben. An Mostobst heranzukommen, ist also bei einigermaßen Einfallsreichtum keine Schwierigkeit, auch für den Städter, der ja dieses Hobby genausogut pflegen kann wie der Mostliebhaber in ländlichen Bereichen. Ein kleiner Gärballon oder ein mittleres Fäßchen läßt sich überall in der Küche oder im Heizungskeller unterbringen. Der eigene Most ist also niemand vorenthalten, der den Weg zurück zur Natur beschreiten will.

Qualität

Wer nach Mostobst Ausschau hält, der greift bekanntlich nicht zu einer auserlesenen ersten Qualität, denn zum Mosten eignen sich selbst jene Früchte des Gartens, die nicht gerade beim Hineinbeißen einen lieblichen Geschmack wiedergeben. Ein gewisser Säuregehalt schadet also nicht. Man kann vom alten Mostbirnbaum genauso gute Rohprodukte erwarten wie etwa bei sortenreinem Obst. Verwendung finden können auch Fallobst und die Früchte unveredelter Bäume.

Wichtig ist, daß das Mostobst nicht mit Eisen und Rost in Berührung kommt und angefaulte Früchte ausgeschieden bzw. Faulstellen ausgeschnitten werden. Übersieht man mal die eine oder andere angefaulte Frucht, so bedeutet dies noch lange nicht, daß der Erfolg der Mosterei in Frage gestellt werden muß. Es schadet auch durchaus nicht, wenn man z. B. das Fallobst einige Tage lagert, um so die richtige Menge für ein rentierliches Mosten zu erhalten. Durch die Lagerung wird die im frischen Obst vorhandene Stärke in Zucker verwandelt und das Fruchtaroma sogar verstärkt.

Lagerung

Die Lagerung von Mostobst geschieht am besten in Körben aus Weidengeflecht. Hat man solche Behältnisse nicht, kann man auch Plastikwannen oder Säcke aus Rupfen verwenden. Nicht zu empfehlen sind dagegen Plastiksäcke, die im zugebundenen Zustand schnell zum Verfaulen des Obstes beitragen. Natürlich erweisen sich auch beim Waschen Körbe, in denen man die Früchte mit dem Gartenschlauch überbrausen kann, als äußerst vorteilhaft, da sie sofort das Wasser absitzen und die Früchte trocknen lassen.

Fest steht auf alle Fälle: Je luftdurchlässiger die Behältnisse sind, desto besser läßt sich das zum Vermosten bereitgestellte Obst aufbewahren.

*

*Der Winter zeigt an seinen Gaben
Die Schätze gütiger Natur,
Er kann mit Most und Äpfel laben,
Er stärkt den Leib und hilft der Kur,
Er bricht die Raserei der Pest
Und dient zu Amors Jubelfest.*
　　　(Johann Christian Günther,
　　　»Lob des Winters«)

*

*Alte Freunde sind wie alter Wein,
er wird immer besser,
und je älter man wird,
desto mehr lernt man
dieses unendliche Gut schätzen.*
　　　　　　(Adalbert Stifter)

*

*Die Freundschaft, die der Wein gemacht,
Wirkt wie der Wein: nur eine Nacht.*
　　　　(Friedrich von Logau)

Die Gärgefäße

Ist die Rede von Gärgefäßen, werden einem die Gedanken wohl dorthin entschwinden, wo in alten Gewölben die Geschichte ihren Ursprung hat, wo in biblischen Zeiten Tonkrüge die wunderbare Weinvermehrung möglich machten, Odysseus' Schiffe in Tonkrügen nicht nur Oliven für die sagenhaften Irrfahrten bereit hielten, sondern auch Wein über das mediterrane Meer schaukeln ließen.

Das Holzfaß

Geschichte und Mythologie gibt es über Faß und Fässer zuhauf, so daß es keineswegs verwundert, beim Keltern in erster Linie daran zu denken, stolzer Besitzer eines Eichenfasses zu sein. Das ist gut so, wenn auch nicht ganz unproblematisch und billig. Vor der Erfindung des PVC und damit der Plastiktanks, vor den blitzenden Edelstahlbehältern war das Faß. Das Faß war auch vor den Ballonflaschen aus Glas. Wenden wir uns aber zunächst dem ersteren zu. Denn noch immer gibt es sie, die alte Zunft der Faßbinder. Glücklich der, der einen von ihnen in seiner unmittelbaren Nähe weiß. Auskünfte über die letzten Faßbinder im Lande erteilt sicher die Handwerkskammer des jeweiligen Regierungsbezirks. Hat man eine dieser wertvollen Adressen, so lohnt es sich bestimmt, dorthin zu fahren, wo aus abgelagerten Eichenbohlen die Faßdauben geschnitten, gewölbt, zu Fässern gebunden und mit Eisenreifen versehen werden. Ein Stück Romantik, ein Stück alte Handwerkskunst nimmt man mit diesem Faß mit nach Hause in den eigenen Keller. Es muß nicht unbedingt ein Faß mit einem Fuder Inhalt sein, also ein Faß mit 1000 Liter, das den Rahmen eines bescheidenen Jung-Mosters sprengen würde. Ein Faß mit 50–100 Liter tut's auch, um zu einem Produkt zu kommen, das geradezu mit edler Faßreife ausgestattet ist.

Der Ehrgeiz, ein Holzfaß zu besitzen, ist nicht nur um einiges teurer als »Ballon- und PVC-Kultur«, es erfordert auch mehr Sorgfalt und Pflege, als dies bei einem Glasballon oder bei einem PVC-Tank der Fall ist.

Diese Abbildung zeigt keine afrikanische Behausung, sondern Eichenbretter, die zur Lagerung zu einem Turm aufgeschichtet sind und später zu Dauben für Mostfässer Verwendung finden.

Bevor man aber ein neues Faß in Gebrauch nimmt, muß man es Tage vorher mit Wasser füllen und schwefeln, wobei pro 10 Liter Wasser 10 Gramm Schwefelsäure, erhältlich in Drogerien, genügen. Das Wasser ist wiederholt zu wechseln und schließlich dann nochmals mit Frischwasser, dem pro Hektoliter gut 250 Gramm Soda beigemischt werden sollen, zu pflegen. Eine Woche soll das Ganze ruhen, um das Faß dann erneut bis an den Rand mit heißem Wasser zu füllen und so lange stehen zu lassen, bis man es auch von außen dampfen sieht. Bevor aber der Wein eingefüllt wird, ist unmittelbar zuvor nochmals eine kalte Dusche gut.

Die Faßpflege ist alljährlich gründlich zu wiederholen. Nach dem Leeren der Fässer ist sofort eine sorgfältige Reinigung zu empfehlen. Das Faß kann dann trocken gestellt werden, wobei aber darauf hingewiesen werden muß, daß man vor der *Trockenlagerung* einen Schwefelstreifen im verschlossenen Faß abbrennt. Schwefelstreifen sind ebenfalls in Drogerien erhältlich. Bei diesem Vorgang muß das Faß verschlossen werden. Der im Faßvolumen befindliche Sauerstoff reicht aus, damit der Span nicht vorzeitig erlischt. Bei Beginn eines neuen Gärprozesses bzw. bei der Lagerung von Most und Fruchtweinen muß jedoch eine gründliche Spülung mit kaltem Wasser erfolgen.

Die *Naßkonservierung* leer gewordener Holzfässer geht so vonstatten, daß man eine Füllung mit Wasser und Kaliumpyrosulfit vornimmt. Pro Hektoliter rechnet man ungefähr mit einem Bedarf von 100 Gramm Kaliumpyrosulfit, das zuvor am besten in einer kleinen Wassermenge aufgelöst wird. Auch die Beimischung von Milchsäure ist zu empfehlen. Diese Mischung läßt man über einige Tage stehen. Man kann aufgrund dieser Naßkonservierung damit rechnen, daß das Faß wiederum ein gutes Jahr vor Fäulnis geschützt ist. Vor Wiederanfüllen ist eine gründliche Spülung mit mehrmaligem Wasserwechsel notwendig.

Da und dort werden von Mostereien bzw. Keltereien alte Fässer bei Aufgabe des Betriebs zum Kauf angeboten. Hier ist Vorsicht geboten, denn man sieht den Fässern von außen oft nicht an, wie krank sie innen sind. Es empfiehlt sich deshalb, das Faß an Ort und Stelle zu öffnen, was durch Herunterschlagen der ersten beiden oder auch noch des dritten Ringes ermöglicht wird. Von den Faßdauben löst sich dabei die Spannung, so daß man den Deckel vom Faßboden leicht abnehmen kann. Schlägt einem ein starker Schimmelgeruch entgegen, sollte man den Faßkauf lieber lassen. Weniger angeschimmelte Fässer dagegen kann man wieder instandsetzen, wenn man das Faßinnere mit einer Wurzelbürste ausputzt. Auch mehrmaliges Abbrühen mit kochendem Wasser ist ein Rezept zur »Genesung« des Fasses.

Bei alten Holzfässern besteht auch die Gefahr, daß sie infolge jahrelangen Leerstehens undicht geworden sind. Hier kann man sich, hat man keinen Faßbinder in unmittelbarer Nachbarschaft, selbst behelfen, wenn man getrocknetes Schilf, wie es am Ufer von größeren Flußläufen zu finden ist, zwischen die Dauben einzieht. Auch vor Einsetzen des Faßbodens sollte in der rund ums Faß führenden Einkerbung ein solcher Schilfring, der bei der Füllung aufquillt, eingezogen werden.

Neue Fässer kaufen und alte reparieren lassen kann man am besten direkt beim Faßbinder. Undicht gewordene Fässer werden durch Einziehen von Schilf zwischen die einzelnen Faßdauben und Faßboden wieder brauchbar gemacht.

Keinesfalls erforderlich ist es, wenn man das Faß im Eigengebrauch hat und daher »kennt«, daß man alle Jahre das Faß zur Trocknung öffnet, falls man sich der Trocken- bzw. Naßkonservierung bedient.

Der Glasballon

Wer das Abenteuer »Faß« nicht eingehen will, sondern eine einfache Gärung und Lagerung vorzieht, dem kann zum Kauf eines Glasballons geraten werden, der sehr leicht zu reinigen ist. Hierbei genügt das einfache Ausspülen mit heißem und kaltem Wasser. Man kann aber auch zu verträglichen Spülmitteln greifen, die aber sorgfältig wieder ausgespült werden müssen. Gute Dienste leistet die Ballonreinigungsbürste, die durch ihre Flexibilität in alle Wölbungen kommt. Diese Reinigungsbürsten sind mit Naturborsten ausgestattet und halten auch heißem Wasser stand. Es gibt auch Ballonbürsten, die mit elastischen Federn versehen sind, man muß beim Einführen dieser Bürsten in den Ballon von oben her nur einen leichten Druck ausüben, schon stellen sich die Borsten auf die runde bzw. ovale Balloninnenwand ein, und man kann durch Drehen jeglichen Schmutz beseitigen.

Der Kunststofftank

Immer mehr drängen Kunststofftanks auf den Markt. Es gibt sie in allen Größen. Sie sind aus PVC bzw. Polyäthylen gefertigt. Schmuckstücke sind diese Tanks nicht, und auch die Prädikatisierung als völlig geruchs- und geschmacksfrei kann nicht unbedingt unterstrichen werden, zumal organische Säuren aus dem Fruchtwein dem PVC

Mit einem Weidenkorb und Stroh ummantelt ist dieser Gärballon, was Schutz beim Transport und Wärmeisolierung beim Gärprozeß garantiert.

Zugaben zum Mosten und zur Fruchtweinbereitung

Agar-Agar

Trüben Weinen Klarheit und Glanz gibt das Schönungsmittel Agar-Agar, das, wie auch die übrigen Zugaben, in Drogerien, Reformhäusern und teilweise auch in Haushaltswarengeschäften erhältlich ist.

Antigel

Abkürzung für Antigeliermittel. Sind Pektin- und Schleimstoffe (Pflanzeninhaltsstoffe) abzubauen, so hilft man sich am besten mit Antigel (ein natürliches Enzym). Die Selbstklärung des Weines wird dadurch gefördert.

Heferassen

Die Selbstgärung spontaner machen Reinzuchthefen, von denen es eine gute Auswahl gibt. Sie werden in Reinzuchthefeanstalten hergestellt und sind in kleinen Fläschchen erhältlich. Für die einzelnen Obst- und Fruchtweinsorten passend, werden »Stammbaumhefen« der Rassen Steinberg, Aßmannshausen, Malaga, Bordeaux, Burgund und Champagner, um nur einige Beispiele zu nennen, angeboten. Durch die Beigabe von Reinzuchthefen wirkt man auch Gärschädlingen entgegen.

Preisgünstig zu erwerben und leicht zu reinigen sind Kunststofftanks.

zusetzen können, was wiederum dann den feinen Mostgeschmack beeinflussen kann. Und aus demselben Grund, warum sich der Weinhandel nicht der Plastikflaschen bedient, soll man auch hier nicht unbedingt auf dieses Material ausweichen. Zu reinigen sind PVC-Tanks ebenso leicht wie Glasballons.

Der Edelstahlbehälter

Wohl für die Hobbykelterei nicht in Frage kommen die Edelstahlbehälter, denn das ist ein zu teueres Unterfangen.

Oben: Auch zum Reparieren alter Fässer kann man die Hilfe eines Faßbinders gut gebrauchen.
Unten: Ist die Zeit der Obsternte angebrochen, wird so manche Garage in eine Hauskelterei umfunktioniert.

Hefenährsalz

In Tablettenform erhältlich. Diese Nährsalze bewirken eine schnellere Vermehrung der Hefezellen, was den Gärprozeß optimal aktiviert und die bessere Umsetzung des Zuckergehalts garantiert.

Kaliumpyrosulfit

Siehe Schwefeltabletten.

Kieselsol

Mit Hilfe von Kieselsol (15prozentig) können trübe und schleimige Weine klarer gemacht werden. Dieses Mittel wirkt außerdem geschmacksverbessernd, weil es Kerb- und Bitterstoffe bindet. Kieselsol wird aus Kieselalgen gewonnen.

Schwefeltabletten

Zu Pulver zerschlagen, können Schwefeltabletten vor der Gärung wie auch Jungweinen nach der Gärung zugegeben werden. Mit Hilfe dieser Schwefelung durch Kaliumpyrosulfit (schweflige Säure) beugt man Weinkrankheiten, Oxidation, Farb- und Aromaverlusten vor. Zudem wird die Haltbarkeit verlängert.

Eine einfache Methode zur Beerensaftgewinnung: Zerstampfen mit einem hölzernen Fleischklopfer (oben links). Zum leichteren Einfüllen in den Gärballon kann man mit einem Kochlöffel nachhelfen (oben rechts). Ruht die Maische im Ballon, wird das Gärglas aufgesetzt (unten links). Sicher und warm verpackt ist ein Gärballon, wenn ihn Stroh und Korb umgeben (unten rechts).

Zuckerzugaben

Bei all den folgenden Rezeptangaben, die Zuckerzugaben empfehlen, handelt es sich um normalen Haushaltszucker (Raffinade).

Ein Wunder ist es nicht, die Verwandlung von Fruchtsaft in Fruchtwein, doch immer wieder eine spannende Überraschung, was dabei herauskommt. Viele Faktoren können das Ergebnis beeinflussen, die Qualität einmal besser, einmal schlechter ausfallen lassen. Viele Handgriffe und »Kunstkniffe« sind zu beachten, damit aus Wein nicht Essig wird. Sicher ist auch hier Erfahrung alles, Theorie kann also nur Anleitung zum Erfolg sein. Im nachfolgenden Kapitel sollen die einzelnen Arbeitsgänge für die Praxis vorbereitet werden. Sie gelten nicht allein für die Herstellung von Apfel- und Birnenwein (den Most also), sondern im weitesten Sinne auch für das Keltern von weiteren Obst- wie auch Beerenweinen. Nicht vergessen werden darf, daß die Weinkelterei für den Hausgebrauch zwar jedem gelingt, der hier einsteigen möchte, doch muß er dann bereit sein, über Wochen hinweg auch seinen Most im Auge zu behalten, ja ihn über die Tage des Gärprozesses hinaus zu pflegen und sorgfältig zu lagern. Wer dies beherzigt, wird schließlich damit belohnt, daß sein Wein von Jahr zu Jahr besser gelingt, die Freude am Most und am Mosten, an der Fruchtweinherstellung ständig wächst.

37

Es ist sich wohl fürzusehen, daß man kein stinckend Faß zum Wein brauche, dann die Moste werden darnach stinckend, welches ihnen schwerlich zu wehren ist.

Item:

Die Fasse müssen vor allen Dingen gantz sauber und reine gewaschen werden, mit Saltz-Wasser, wohl bewahrt vor bösem Geruch. Und wenn sie dann also rein gewaschen, soll man sie räuchern mit gutem Weyrauch, so werden die Weine vor aller Zerstörlichkeit bewahret.

Oder:

Nehme Welsch-Nuß-Laub, siede es in Wasser, brühe die Fässer damit aus, laß zwey oder drey Tage darinnen stehen.

Deßgleichen:

Wann die Fasse vom Binder oder Kieffer gantz fertig, so nehme 2. Hände voll Hollunder-Blüth, thue es in einen Kessel, oder sonst in etwas, geuß Wasser drauf, laß es sieden, geuß in ein jedes Faß den achten Theil davon, mache das Faß zu, wenn es damit ausgebrannt, und nehm das Faß wieder heraus, nimm vor zwey Kreutzer Wein-Brandtewein, zünd ihn an, und gieß ihn ins Faß, weltze es wohl hin und her, alsdenn räuchere auch ein jedes Faß mit Weyrauch, darnach magst du den Wein drein thun.

Noch ein anders:

Nimm Saltz und Reben-Aschen, gleich gemenget, eine Schüssel voll in das Faß gethan, und koche einen Kessel voll Wasser mit Nuß-Laub und gestoßenen Wachholder-Beeren, gieß davon eine ziemliche Wasser-Kanne voll warm in das Faß auf die Asche, und mache den Spund feste zu, weltze es wohl um, und laß es eine Nacht liegen, darnach mache es wieder rein, bis es klar ist, und laß es trucken werden, und einen guten Einschlag, wie folgends soll gemeldet werden, darein gebrannt, und hernach bey der Lese den Most darein gefüllet, das gähret sehre, und wird beständig lauter und schöne. Auch ist dieses dabey zu mercken, daß man den Most bald presse, daß er nicht lange am Tröster stehet, auch wohl zusehe, daß von den Wein-Trettern kein Brod, auch kein Knoblauch oder Zwiebeln bey der Presse gegessen, oder darein gebracht werde, dann wann der Wein lange am Tröster stehet, und diese obige Kräuter dabey hangen, so verlieret er seine Krafft, wird ungeschmack und sauer, und ist dieses noch hiebey in Acht zu nehmen, wann der Most nicht recht gehren will, muß man ihn auf ein ander zubereitetes Faß ablassen, ist Wasser darinnen, so bleibet dasselbe samt dem Erdreich am Grunde, um seiner Schwachheit willen, vid. M. Johann von Baunonia Cap. 6.

§. 2. Zu probieren, ob das Faß reine sey?

Man zünde nur ein Wachs-Licht an, und halte es zum Spunde hinein, wann das Faß nicht recht reine ist, so gehet das Licht, so bald man es hinein steckt, aus, und wird nicht brennen, deßgleichen so wird auch kein Einschlag leicht brennen, wann man ihn ins Faß stecket, wo das Faß nicht recht reine ist. Will man auch probiren, daß das Faß nicht einen üblen Geschmack behalte, und den darein gezogenen Wein mit anstecke, so nehme man das Faß, und schlage mit der flachen Hand vier- oder fünfmal auf das Spund-Loch, und rieche dann so gleich in das Faß, da man dann den Nachschmack eigentlich riechen kan.

Das Mosten – die Arbeitsabläufe und die erste Mostprobe

Rheinische Holzkelter und Traubenmühle.

Das Vorbereiten des Mostobstes

Mostobstreinigung

Bevor man aber das ganze Mostgut zum Zerkleinern gibt, soll das am besten in Körben gesammelte Obst kräftig mit dem Gartenschlauch gereinigt werden, um so eine spätere Trübung zu verhindern. Schmutzstoffe können leicht auch den Geschmack beeinträchtigen. Wichtig ist aber, daß nach dem gründlichen Waschen das Obst ein bißchen abtropfen bzw. abtrocknen kann, damit nicht beim Pressen ein allzu großer Anteil der Reinigungsflüssigkeit mit in die Gärung kommt.
Hat man das Mosten auf eine größere Kapazität angelegt und besitzt dafür nicht die geeigneten »Waschmaschinen« der industriellen Herstellung, so soll man sich eines Reisigbesens bedienen, um bei gleichzeitigem Besprühen mit dem Wasserschlauch für eine Säuberung des Obstes zu sorgen.
Beim Beerenobst dagegen wird ja die ballonweise Verarbeitung leicht mit der Sorgfalt der Hände zu bewältigen sein, wobei es natürlich von vornherein gilt, die Früchte zu entstielen. Keinesfalls sollte, ob bei Beeren oder Steinobst, Faules oder Schimmeliges mit in die kostbare Ernte geworfen werden, denn eine solche Handhabung könnte das Gesamtergebnis ganz und gar zunichte machen.

Mostobstzerkleinerung

Die Arbeitsgänge Waschen, Zerkleinern bzw. Mahlen und das darauffolgende Pressen sollen möglichst rasch hintereinander, d. h. Hand in Hand erfolgen. Nur so kann man auf einen reinen, goldgelben Most hoffen.
Die Methoden der Zerkleinerung richten sich in erster Linie nach der Menge des vorhandenen Mostgutes. Eine gründliche Zerkleinerung ist vor allem erforderlich, um eine möglichst hohe Saftgewinnung zu erreichen. Recht mühsam ist es selbst bei der Herstellung von 50 Litern Most, die dafür erforderlichen Äpfel und Birnen mit dem Messer zu halbieren, zu vierteln oder in noch kleinere Stücke vorzubereiten.
In bäuerlichen Anwesen benützte man für kleinere Obstmengen, falls keine Obst- und Beerenmühle zur Verfügung stand, ein sogenanntes Stoßeisen, ein achterförmiges, an einem Holzstiel befestigtes Eisenband, mit dem man das gelagerte Obst in einem Holzbottich zerstieß. Kleine Mengen kann man auch in Gemüse- oder Fleischhackmaschinen durchdrehen.
Hat man aber vor, sich für einen längeren Zeitraum oder gar ein Leben lang der Mosterei oder der Herstellung von Beerenweinen zu verschreiben, lohnt sich auf alle Fälle die Anschaffung einer Obst- und Beerenmühle. Hier gibt es bereits kleine Haushaltsmaschinen von 5–40 Litern und natürlich aufwärts. Bei den Obstmühlen werden die Äpfel bzw. Birnen gefräst, wobei gesichert ist, daß das Mahlgut noch kernig bleibt.
Wer sich aber zu keiner solchen Investition entscheiden kann, findet landauf, landab Gartenbauvereine,

Wer bei der Mostobstzerkleinerung nicht mit Muskelkraft vorgehen will, vor allem aber wer mehrere hundert Liter Saft keltert, dem stehen elektrisch betriebene Obstmühlen und -fräsen im Handel zur Verfügung.
Obstmühle aus dem Jahre 1878, auch »Leuteschinder« genannt aufgrund der schweißtreibenden Arbeit.

die selbst kleine Mostereien unterhalten und einem bei Selbstmithandanlegen die Mahl- und Preßarbeit abnehmen. Im Herbst 1984 zahlte man dafür pro Liter fertigen Saftes zwischen 20 und 30 Pfennige. Entsprechende Behältnisse müssen hierzu natürlich mitgebracht werden. Besonders romantisch wird es, wenn man sich alter Obstmühlen, die gänzlich aus Holz gefertigt sind, bedienen kann. Da es sich hier um eine recht schweißtreibende, oftmals an zwei Personen gekoppelte Arbeit handelt, nannte man diese Gerätschaften früher auch »Leuteschinder«.

Welcher Verfahren man sich auch immer bedient, wichtig ist, daß die Früchte bzw. das zerkleinerte Fruchtgut nicht mit Eisen oder gar rostigen Eisenteilen in Berührung kommt. Das birgt die Gefahr, daß sich die Maische mit nicht unerheblichen Mengen Eisen anreichert und somit die Fruchtsäuren und Gärstoffe diese in eine chemische Verbindung verwandelt, was wiederum zur Folge hat, daß der Most metallisch schmeckt. Auch der Gärprozeß selbst ist dann oftmals in Frage gestellt.

Schafft man sich gebrauchte Gerätschaften an und will man sie instandsetzen, so sollte man Roststellen gründlich reinigen, reparieren und mit Kelterlack überziehen, um so der Korrosion aufgrund der Fruchtsäureeinwirkung vorzubeugen. Für hölzerne Teile empfiehlt sich ein Anstrich mit Lasurkelterlack. Die vorbeugenden Anstriche gelten auch für die Geräte beim Pressen.

Die Saftgewinnung durch Pressen

Auch beim Pressen ist Sauberkeit die wichtigste Voraussetzung. Das beginnt schon damit, daß die Preßgeräte vor Arbeitsbeginn sorgfältig gereinigt werden. Bei hölzernen Gerätschaften ist es wichtig, daß man die Preßkörbe vielleicht einige Tage zuvor schon etwas anfeuchtet. Auch hier gilt, daß man Früchte und Saft nicht mit Eisenteilen in Verbindung bringen sollte. Mannigfach sind auch hier die Gerätschaften für diesen Arbeitsgang.

Am häufigsten wird die Korbpresse verwendet, in deren gestäbelten Korb vor dem Pressen ein Tuch gelegt wird. Für Apfel- und Birnen-

Für eine optimale Saftausbeute sorgen hydraulische Pressen, die von einem kleinen Elektromotor angetrieben sind.

Die Korbpresse einer Hausmosterei.

most eignet sich auch ein engmaschiger Zwiebelsack. Es soll damit verhindert werden, daß allzuviel Preßgut durch die Fugen des Preßkorbes entweicht. Zudem erleichtert man sich dadurch nach dem Preßvorgang das Herausnehmen des sogenannten »Tresterkuchens«.
Hygiene ist auch bei diesem Preßtuch angebracht, das vor der Verwendung und auch bei tageweisen Pausen des Pressens der Maische mit heißem Wasser ausgewaschen und getrocknet werden soll, um zu verhindern, daß sich Schimmelpilze und Essigbakterien einnisten und kräftig vermehren. Pflegeleichter sind die erst vor kurzer Zeit auf den Markt gekommenen Kelfertücher aus Perlongeflecht, die sich leichter reinigen lassen.
Wer keine Lohnmosterei bei einem Obst- und Gartenbauverein mit kleiner Kelterei in allernächster Nähe hat, für den lohnt sich am besten die Anschaffung einer Spindelpresse,

deren Antrieb allein auf Muskelkraft ausgerichtet ist. Größer dagegen ist die Ausbeute beim Einsatz der mit Elektromotor betriebenen Hydraulikpressen.
Ist das Obst abgepreßt und der Saft wenigstens einmal gefiltert, darf das Abfüllen in den Gärbehälter nicht lange auf sich warten lassen. Ein Arbeitsgang hat sich dem andern ohne größere zeitliche Verzögerung anzuschließen.

Ein Tip: Wohin mit dem Trester?
Trester, also jenes Abfallprodukt, das beim Pressen von Früchten übrig bleibt, gilt als wertvolles Kompostmaterial. Eine optimale Umsetzung in Gartendünger erfährt es, wenn man bei der Kompostierung etwas Kalk und Stickstoff darüberstreut.

Welche Saftmengen lassen sich erzielen?

Von Jahr zu Jahr verschieden ist nicht nur der Ertrag von Früchten insgesamt, sondern auch die daraus zu gewinnende Saftmenge. Die Schwankungen – z. B. auf eine Menge von 10 kg Obst berechnet – können oft bis zu 2½ Liter ausmachen. Die nachfolgenden Angaben können deshalb nur als Faustregel gelten. Von 10 kg Früchten lassen sich folgende Saftmengen erreichen:

Äpfel	5–7,5 Liter
Birnen	6–8 Liter
Brombeeren	6–8 Liter
Erdbeeren	6–8 Liter
Heidelbeeren	7–8 Liter
Himbeeren	6–8 Liter
Johannisbeeren, rote	7–8,5 Liter
Johannisbeeren, schwarze	5–7 Liter
Kirschen	5,5–7,5 Liter
Pfirsiche	4,5–5 Liter
Stachelbeeren	7–8,5 Liter
Weintrauben	6,5–8,2 Liter

Von dieser Menge Äpfel und Birnen ließen sich 60 Liter Saft erzielen.

Die Bestimmung des Mostgewichts

Nimmt man das Mostobst alljährlich von denselben Bäumen, so ist die Spannung jedesmal groß, wenn man nach dem ersten Abpressen des Saftes sich davon überzeugt, wie gut »heuer« der Saft ist, welchen Zuckergehalt er hat. Das ist nicht nur wichtig, um schon zu diesem Zeitpunkt die Qualität des vergorenen Mostes abzuschätzen, sondern auch um bei geringem Mostgewicht entsprechende Trocken- oder Naßverbesserungen durch Zugabe von Zucker vornehmen zu können, was eine entsprechende Haltbarkeit und nicht zuletzt die gewünschte Stärke und den Alkoholgehalt bewirkt.

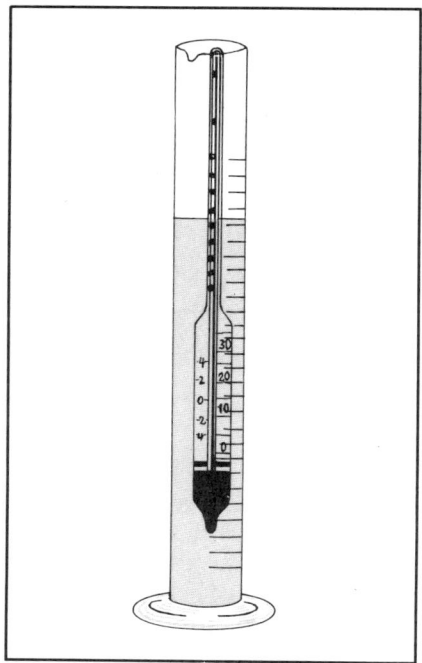

Mittels Öchslewaage läßt sich der Zuckergehalt im gewonnenen Saft feststellen.

Die Mostwaage

Es lohnt sich also, ein entsprechendes Hilfsmittel zu kaufen: die Mostwaage. Dabei handelt es sich um eine Senkwaage, auch *Aräometer* genannt, einen luftgefüllten, an der Spitze mit Bleikügelchen beschwerten Schwimmkörper. Anhand der Eintauchtiefe, die man an einer Gradeinteilung abmessen kann (die Skala reicht von 0–120) erfährt man den Zuckergehalt. Diese Erfindung ist dem schwäbischen Goldschmied und Feinmechaniker *Ferdinand Öchsle* (1774–1852) zu verdanken. Mit dem gläsernen Instrument läßt sich feststellen, um wieviel Gramm die Masse von 1 Liter Saft schwerer ist als die von 1 Liter Wasser. Der zu messende Saft soll, um ein einigermaßen genaues Meßergebnis zu erzielen, eine Temperatur von 20 Grad Celsius haben.

Ein Beispiel:
Zeigt die Mostwaage 50 Grad Öchsle an, so heißt dies, daß 1 Liter Saft 1050 Gramm schwer ist. Da Wasser bekanntlich pro Liter 1000 Gramm wiegt, müssen die restlichen 50 Gramm die den Saft bereichernden Bestandteile (in erster Linie beim Most Zucker) sein.

Die Handhabung der Mostwaage ist einfach. Das thermometerähnliche »Ding« wird in ein zylinderartiges Gefäß aus Plastik oder Glas von 250 Kubikzentimeter Fassungsmenge eingetaucht. Die Mostwaage muß auf alle Fälle frei schwimmen und darf nicht am Boden anstoßen. Hält man die Meßvorrichtung waagerecht, so kann man ganz einfach die Gradzahl am Flüssigkeitspegel ablesen.

Die Mostgewichtsbestimmung soll direkt nach dem Abpressen des Saftes erfolgen. Es gibt eine Faustregel, mit der sich der Zuckergehalt ungefähr errechnen läßt. Der gemessene Wert der Öchslegrade muß durch die Zahl 5 dividiert werden und ergibt dann den prozentualen Zuckeranteil im Most. Multipliziert man ihn jedoch mit 2, so entspricht das Resultat etwa der je Liter enthaltenen Zuckermenge in Gramm.

Ein Beispiel:
80 Grad Öchsle entsprechen also einem Zuckergehalt von etwa 16 Prozent bzw. 160 Gramm in 1 Liter. Auch der nach der Gärung zu erwartende Alkoholgehalt läßt sich ausrechnen. Dabei ist der Öchslewert durch 8 zu dividieren. Das Ergebnis entspricht der Alkoholkonzentration in Volumenprozent. Beim vorgenannten Beispiel ergäbe dies also einen Wein mit 10 Volumenprozent Alkohol.

Mit der Öchslewaage kann man aber auch den Verlauf der Gärung gut kontrollieren. Mit der Umwandlung des Zuckergehalts in Alkohol geht nämlich das Mostgewicht von Woche zu Woche entsprechend zurück, was ein gutes Zeichen für die fortschreitende Gärung bedeutet. Die Gärung kann man als beendet betrachten, wenn die Öchslewaage nur mehr 0 bis +5 Grad Öchsle anzeigt.

Anzumerken ist noch, daß der Saft natürlich sehr rein sein soll bei dieser Abwaage. Deshalb bedient man sich eines Teesiebs oder sogar eines Kaffeefilters, um eine höchstmögliche Reinheit zu erreichen.

Qualitätsverbesserung durch Aufzuckern

So verschieden der Zuckergehalt des Obstes von Sorte zu Sorte sein kann, genauso unterschiedliche Erfahrungen macht man mit dem Zuckergehalt selbst dann, wenn man von Jahr zu Jahr Äpfel und Birnen zum Mosten von ein und demselben Baum nimmt. Das Ernteergebnis ist bekanntlich von vielen Faktoren abhängig, insbesondere von Sonne und Regen, die den Zuckergehalt wesentlich beeinflussen.

Damit aber der geliebte Most nicht einen derart fürchterlichen Geschmack annimmt, daß er einem beim Trinken »die Schuhbänder auszieht«, kann man sich jenes bewährte Rezept der großen Weinbauern im In- und Ausland zunutze machen, das durch Zuckerzugabe zur Verbesserung des Mostgewichts beiträgt.

Hierbei unterscheidet man die Trokken- und Naßverbesserung. Da bekanntlich der Alkoholgehalt mit steigender Gradzahl auch die Haltbarkeit des Mostes verlängert, sollte man die Verbesserung auch aus dieser Sicht sehen.

Die Trockenverbesserung

Stellt man bei der Abwaage des Saftes mit der Öchslewaage fest, daß z. B. der gewonnene Saft 55 Öchslegrade aufweist, und will man diesen z. B. um 10 Öchslegrade verbessern, so bedarf es pro Hektoliter einer Zugabe von rund 2,5 Kilogramm Zucker. Will man 75 Öchsle erreichen, so sind gute 5 Kilogramm notwendig.

Die Zuckerzugabe erfolgt am besten so, daß man in einer entsprechend großen Plastikschüssel den erforderlichen Zucker im Most auflöst und diesen dem Faß bzw. Gärbehälter zuführt.
Wie hoch der spätere Alkoholgehalt sein soll, darüber scheiden sich natürlich die Geister. Der eine will einen leichten Tischwein mit einem Mostgewicht von 50 bis gut 80 Öchslegraden, der andere einen Dessertwein, der 130 Öchslegrade auf die Waage bringt. Doch bei einem so hohen Öchslegradgehalt wird es gefährlich, denn hier beträgt der Alkoholgehalt (Volumenprozent) bereits über 16 Prozent.
Bei überhöhter Zuckerung wird der Zucker nicht ganz in Alkohol umgewandelt. Als Folge davon tritt eine schleppende Gärung ein, was Weinkrankheiten heraufbeschwört.

Die Naßverbesserung

Bei der Naßverbesserung gibt es zweierlei Aspekte: Zum einen kann man den Zuckergehalt aufbessern, zum anderen ist es möglich, den Säuregehalt herabzusetzen. Sicher muß dies alles mit Maß und Ziel geschehen. Der Zusatz von gezuckertem Wasser sollte nicht mehr als ein Zehntel des gesamten Mostvolumens betragen. Ein Beispiel: Ein Most im Naturzustand mit 45 Öchslegrad soll auf 55 verbessert werden. Bei einer Vergleichsmenge von 100 Litern Natursaft sind vor der Zugabe gute 8 Liter Wasser mit 4,2 Kilogramm Zucker zu vermengen, um das gewünschte Resultat zu erzielen.

Die Steuerung des Säuregehalts

Schon etwas schwieriger als die Feststellung des Mostgewichts ist die Bestimmung des Säuregehalts. Will man sich nicht selbst an die Sache heranwagen und das Chemiebuch aus der Schulzeit hervorholen, so soll man dies Leuten überlassen, die von Berufs wegen dafür prädestiniert sind: Drogisten und Apotheker zum Beispiel, wenn man keinen Küfer oder ein Weinlabor in erreichbarer Nähe hat. Will man jedoch zu einem anerkannten »Mostologen« werden, muß man auch diese Fertigkeit beherrschen.
Anschaffen muß man sich hierzu ein sogenanntes *Acidometer* und dazugehörige Chemikalien wie Blaulauge und Lackmuspapier neutral. Bei der Anschaffung dieser Erstausstattung bekommt man ein ausführliches »Rezept« mitgeliefert, um diesen Meßprozeß erfolgreich zu meistern. Für die Haltbarkeit des fertigen Mostes ist z. B. ein Säuregehalt von 4–5 Gramm pro Liter nicht ausreichend.
Man kann diesen Mangel durch die Zugabe von Milchsäure, die in den Drogerien erhältlich ist, beseitigen. Wer z. B. die Säure pro 100 Liter Most um 0,5 Gramm pro Liter erhöhen will, muß eine 80-prozentige Milchsäure in einer Menge von rund 62 Gramm zugeben. Bei einer Verbesserung um 1 Gramm pro Liter sind dementsprechend runde 125 Gramm, bei 2 Säuregramm pro Liter 250 Gramm und bei 3 Gramm pro Liter 375 Gramm in die Mostmenge zu schütten. Diese Aufbesserung muß vor der Gärung erfolgen. Eine Säureaufbesserung ist auch

durch den Verschnitt von Säften und säurehaltigem Obst möglich, was die Zugabe von Milchsäure vielleicht erspart. Auf alle Fälle muß man Obstsäfte, die nur 4 oder 5 Gramm pro Liter Säure enthalten, unbedingt aufbessern.

Zumeist haben unsere Obstsorten bzw. der davon gewonnene Saft einen Säuregehalt von 6–9 Gramm und ein Mostgewicht von 40–60 Öchslegraden. Unreifes Fallobst neigt hingegen dazu, einen recht hohen Säuregehalt von mehr als 9 Gramm pro Liter dem Saft mitzugeben. Diese Säfte sollten mit säurearmen Säften verschnitten werden, um so einen Idealzustand zu erreichen.

Doch auch hinsichtlich des Säuregehalts gilt, daß man die Mosterei nicht allzu wissenschaftlich sehen soll. Man sollte an die Sache nicht zu ängstlich herangehen, wenn es auch nicht schaden kann, die Säure der im eigenen Garten zur Verfügung stehenden Obstsorten untersuchen zu lassen, um so einen lehrreichen Überblick zu bekommen, wie es um das eigene Obst bestellt ist.

Der Gärprozeß

Es hat ohne Verzögerung zu geschehen und geschieht in aller Regel auch schnell: das Einfüllen des gewonnenen Saftes in den Gärbehälter, ganz gleich ob es sich dabei um ein Faß, um einen Ballon oder Plastiktank handelt. Zu Hilfe nimmt man am besten einen Plastikeimer oder ein kannenartiges Geschirr, mit dem aus dem Saftauffangbehälter (Plastikwanne) geschöpft und in den Trichter eingefüllt wird, der im Ballonhals bzw. Spundloch eines Fasses oder Tanks steckt. Zur nochmaligen Filterung über den Trichter ein Keltertuch oder ein feines Sieb geben. Oder noch besser: Trübstoffe im Saft 6-8 Stunden absitzen lassen. Most- und Fruchtweinherstellung ist gleichermaßen spannend, wenn der abgepreßte Saft dann endlich im Gärbehälter ruht. Die erste Phase des Aufatmens! Der Umwandlung des Zuckergehalts in Alkohol steht nichts mehr im Wege.

Zum Einfüllen des Saftes in den Gärbehälter benützt man am besten einen Plastikeimer. In einem Arbeitsgang wird der Saft damit zugleich gefiltert, wenn man in den Trichter ein Keltertuch aus Perlon oder ein feines Sieb einlegt.

Von Ernte zu Ernte wird der Bestand der Hauskelterei immer größer.

Selbstgärung

Jahrhunderte ging es bei der Herstellung von Wein und Fruchtwein gänzlich ohne Gärgläser und Gärhilfen. Einzig und allein Fässer waren notwendig. Das übrige tat die Natur. Alte Mostbauern verzichten auch heutzutage oftmals auf die Zuhilfenahme eines Gärglases, weil sie am Ratschlag der Altvordern festhalten, daß der »Dreck« im Most, alle Trubteilchen also, durch das Spundloch 'raus muß. Diese Methode birgt allerdings die Gefahr, daß durch schädliche Bakterienübertragung, durch die Essigfliege etwa, der Gärprozeß Schaden nehmen kann. Will man es aber trotzdem altväterlich versuchen, so muß das Faß bis oben gefüllt und das Spundloch mit einem Sieb abgedeckt werden, um Ungeziefer vom Most fernzuhalten.
Sicher ist es richtig, daß man, um schon bei der Herstellungsmethode der Vorfahren zu bleiben, guten, säurereichen und vom Zuckergehalt her genügend angereicherten Säften keinerlei Zusätze wie Reinzuchthefe in trockener oder angesetzter Form zugeben muß, daß auch Zuckergaben nicht unbedingt sein müssen, um den Gärprozeß in Schwung zu bringen. In den meisten Fällen wird es auch gelingen. Es können aber bei dieser Verfahrensmethode viel leichter Gärschwierigkeiten und Erkrankung auftreten. Für Anfänger empfiehlt es sich deshalb, sich der gärungsfördernden Zusätze zu bedienen und bei Beginn des Gärprozesses ein Gärglas oder einen Kontrollspund aus Plastik mit Sperrflüssigkeit, vielleicht sogar mit Schaumgummifilter, aufzusetzen. Unter einer Sperrflüssigkeit versteht man zumeist nur Wasser. Ganz gewissenhafte Mostexperten füllen das Gärglas jedoch mit einem »Klaren«.

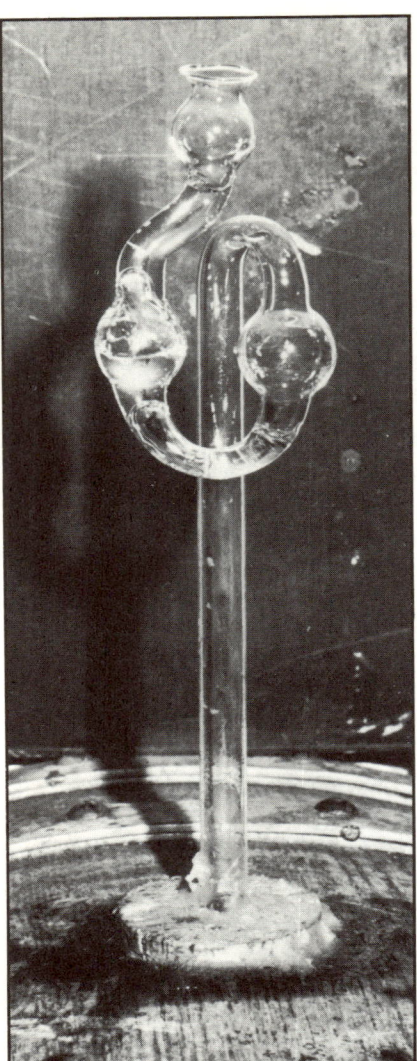

So ist das Gärglas richtig am Gärbehälter aufgesetzt. Der Gärkorken kann zur besseren Abdichtung mit Faßdichte (Wachs) verstrichen werden.

Flotter Start mit dem Gärstarter

Wer den Gärprozeß möglichst schnell in Gang setzen will, kann dies mit Hilfe eines Gärstarters erreichen. Eine Woche vor dem richtigen Mosten trifft man dazu die Vorbereitungen. Man nimmt eine Flasche oder auch einen kleinen Ballon, füllt eine Mischung von Zuckerwasser und reinem Fruchtsaft ein, gibt Reinzuchthefe hinzu und läßt das Ganze bei einer Temperatur von ca. 20 Grad »anspringen«. Und so wird's gemacht:

Für ein 100 Liter Faß Most genügt zum Ansetzen eines wirksamen Gärstarters 1 Liter Apfelsaft, den man im Handel erwerben kann. Stellt man ihn selbst her, ist es wichtig, den Saft vor der Verwendung zu sterilisieren bzw. zu pasteurisieren. Der Zuckerzusatz soll bei 1 Liter rund 100–150 Gramm betragen. Von der Reinzuchthefe genügen als Zusatz ein paar Tropfen; den Rest des Fläschchens hebt man für weitere Gärstarts auf oder gibt ihn dem Faß bei. Bei der Verwendung einer gewöhnlichen Weinflasche als Gärstarter genügt es, diese mit einem kleinen Wattebäuschchen zu verschließen. Natürlich kann auch ein richtiger Gäraufsatz aus Plastik oder Glas auf die Flasche bzw. den Ballon gesetzt werden. Bereits innerhalb von zwei Tagen kann man, nachdem sich die Hefezellen millionenfach vermehrt haben, einen starken Gärvorgang beobachten.

Bei *Trockenhefeverwendung* soll diese nicht im Zustand des Granulats dem Gärstarter beigemischt, sondern vorher in lauwarmem Wasser aufgelöst und in den Gärstarter eingerührt werden. Der Gärstarter ist eine gute Voraussetzung und eine

Garantie dafür, daß man um das Gelingen der Gärphase nicht zu fürchten braucht.

Wichtig beim Arbeiten mit dem Gärglas ist es, daß die Behälter nur zu etwa ⅘ gefüllt sind.

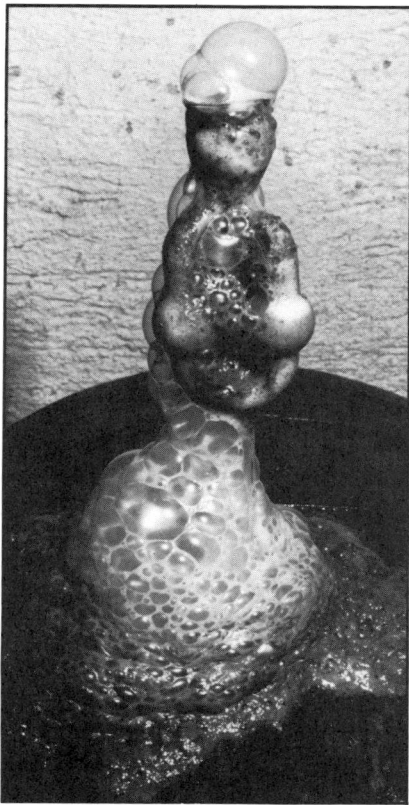

Ist zuviel Saft im Gärbehälter, schäumt der Most über und verstopft vielleicht das Gärglas. Solche Schaumkronen bieten auch Nährboden für Mostschädlinge. Deshalb: etwas Flüssigkeit abziehen, Gärglas reinigen und neu aufsetzen.

Zusetzen von Reinzuchthefe

Wer sich den vorbereitenden Arbeitsgang mit dem Gärstarter ersparen will, muß nicht befürchten, daß seiner Arbeit der verdiente Erfolg versagt bleibt. Das keinesfalls, denn die Reinzuchthefe kann auch direkt dem gesamten Gärfaßvolumen zugesetzt werden, nur muß man dann auf das »Anspringen« der Gärung vielleicht 2–3 Tage länger warten. Nun aber ein paar Sätze zur Reinzuchthefe und deren hilfreiche Eigenschaften. Aber keine Angst, es wird nicht hochwissenschaftlich!

Es ist notwendig zu wissen, wie die Mikroorganismen arbeiten und was sie beim gärenden Most alles zustandebringen. Bei den speziellen Mikroorganismen im Most handelt es sich um Hefezellen in Form von kleinen einzelligen Pilzen. Sie sind im Fruchtsaft in verschiedenen Arten in Unmengen enthalten. Einige davon sind ganz gut zu gebrauchen, denn sie sind es ja, die die alkoholische Gärung in Bewegung setzen. Neben diesen »guten« Reinhefen (Saccharomyces) gibt es aber auch solche, die dem Most sehr schaden können, weil sie aus dem im Saft enthaltenen Zucker nicht den gewünschten Alkoholgehalt, sondern Schimmel und Schleim, Essig- und Milchsäure erzeugen. Vermeiden kann man ein Überhandnehmen der wilden Hefen mit der Zugabe einer Reinzuchthefe.

Spezialbetriebe, sog. Reinzuchthefeanstalten, haben aus dem Wirrwarr der verschiedenen Hefen reinrassige Weinhefezellen ausgesondert und sie »reinrassig« gezüchtet. Über Jahre hinweg wurde bei vielen Versuchen eine vortreffliche Auswahl bei den verschiedensten Rassen gewonnen. Die Reinzuchthefen gelten als überaus fleißige Pilze, die sich schnell vermehren, einen hohen Alkoholgehalt – bis 18 Volumenprozent – erzeugen und auch Säfte, die bei niedriger Temperatur gelagert werden, zum Gären bringen können. Eine absolute Notwendigkeit ist es, Reinzuchthefen bei einem Gärgut zuzugeben, das geschwefelt wurde. Angeboten wird die Reinzuchthefe in flüssiger Form wie auch in Tablettenverpackungen. Diese »fleißigen Lieschen« lassen den wilden Hefen keine Chance, einem die Kelterei zu verleiden. Für die Verwendung der einzelnen Rassen geben die Hersteller entsprechende Empfehlungen. So verwendet man z. B. bei Apfel- und Birnenmost am besten die Heferasse Steinberg.

> Doch ob Selbstgärung oder Zugabe von »Stammbaumheferassen«, der Gärprozeß muß auf alle Fälle innerhalb von fünf Tagen einsetzen.

Wichtig ist noch zu erwähnen, daß die Reinzuchthefe beim Vermengen mit einer Zuckerlösung, was im warmen Zustand geschieht, keinesfalls über 30 Grad betragen darf, denn bei höheren Temperaturen wird die Hefekultur abgetötet.

Schütteln, Rütteln und Rühren

Die große Zeit ist nun gekommen: Geht man in den Keller – geeignet ist für die erste Phase der Gärung der Heizungskeller –, dann hört man es in den Gärgläsern blubbern, die Gäraufsätze aus Plastik deuten den Pulsschlag des Gärprozesses mit einem leichten, regelmäßigen Klappern der Aufsätze an.

Zur Pflege eines guten Mostes und zur ausreichenden Gärung ist es nun notwendig, Ballons des öfteren zu schütteln bzw. Fässer zu rütteln. Hat das Gebinde 50 und mehr Liter Inhalt, so soll man sich eines Stabes bedienen, um die am Boden absitzenden, gärungsbelebenden Substanzen aufzurühren. Große Fässer kann man dadurch beleben, daß man sich für eine elektrische Handbohrmaschine einen Quirl konstruiert, wozu ein Holzstab genügt, an dessen Ende man einen Propeller bastelt, um das Ganze von Fall zu Fall kräftig durchzurühren.

Während des Beginns der Gärphase empfiehlt es sich, für eine gleichbleibende Temperatur zu sorgen, die keinesfalls um mehr als 7 Grad abfallen soll. Wer z. B. keinen Raum zur Verfügung hat, der Temperaturen zwischen 18 und 25 Grad bietet, für den gibt es einen Ausweg: Die Reinzuchthefeanstalt in Kitzingen z. B. stellt eine sogenannte »kalt und warm gärende Kitzinger Reinhefe« her, die auch bei Temperaturen von 6–8 Grad zum Erfolg verhilft.

Dauer der Gärzeit

Über die Dauer der Gärzeit lassen sich keine allgemeingültigen, konkreten Zeiten angeben, denn dies hängt von verschiedenen Einflüssen und nicht zuletzt von den Eigenschaften des gewonnenen Saftes ab. Ein sicheres Zeichen für das Abklingen der Gärung ist es, wenn die Gärgläser zu blubbern und die Topfaufsätze zu klappern aufhören. Bei einem »anständigen« Apfel- und Birnenmost rechnet man mit einer Gärdauer von etwa 8–12 Wochen. Bei den Fruchtweinen dagegen, die bis zu 18 Volumenprozent Alkohol erreichen, kann sich der Gärprozeß bis zu über einem Jahr hinziehen. Ist der Gärprozeß beendet, dann hat auch die Kohlensäurebildung aufgehört, die vorher dazu beigetragen hatte, die Mostteilchen ständig durcheinanderzuwirbeln. Zumeist zu Beginn der Adventszeit tritt im Gärkeller in Faß und Ballon eine Ruhephase ein.

Über die Gärungszeit gibt es ganz unterschiedliche Meinungen. In jedem Fall kann bei einer sich länger hinziehenden Gärung das Aroma des Mostes nur gewinnen. Eine gute Praxis ist es deshalb, den Beginn der Gärung mit höheren Temperaturen einzuleiten und die Gärzeit zu verlängern über eine schrittweise, leichte Absenkung der Temperaturen. Vergessen werden darf jedoch nicht, daß die Gärtemperatur immer leicht über der Raumtemperatur liegen muß.

Besonders gut läßt sich bei einem Glasballon das Ende des Gärprozesses verfolgen, weil sich nach dem Einstellen der stürmischen Kohlendioxid-Produktion die Selbstklärung zeigt, d. h., der Jungwein sich goldgelb zu färben beginnt und sich die Reste des Fruchtfleisches in kleinen Teilen am Boden als Trub ablagern.

Ein sicheres Rezept, um festzustellen, ob der Jungwein auch genügend ausgegoren ist: Man füllt knapp 1 Liter davon in eine Flasche ab, verkorkt diese fest und lagert sie in einem warmen Raum. Öffnet man sie nach ein paar Tagen und zeigt sich dabei eine starke Schaumentwicklung oder perlt einem der Jungwein entgegen, ist die Gärung noch immer nicht zu Ende. Durch Rütteln, Umrühren oder Aufrühren mit dem Rührstab kann die Gärung erneut in Schwung gebracht werden. Helfen diese Methoden nichts, dann soll man es vielleicht nochmals mit einem »Gärstarter« versuchen und dabei eine Erwärmung der Gärsubstanz auf über 20 Grad einleiten.

Mit heidnischen wie christlichen Symbolen überreich verziert sind die alten Mostpressen, wie zum Beispiel diese mit dem Marienmonogramm.

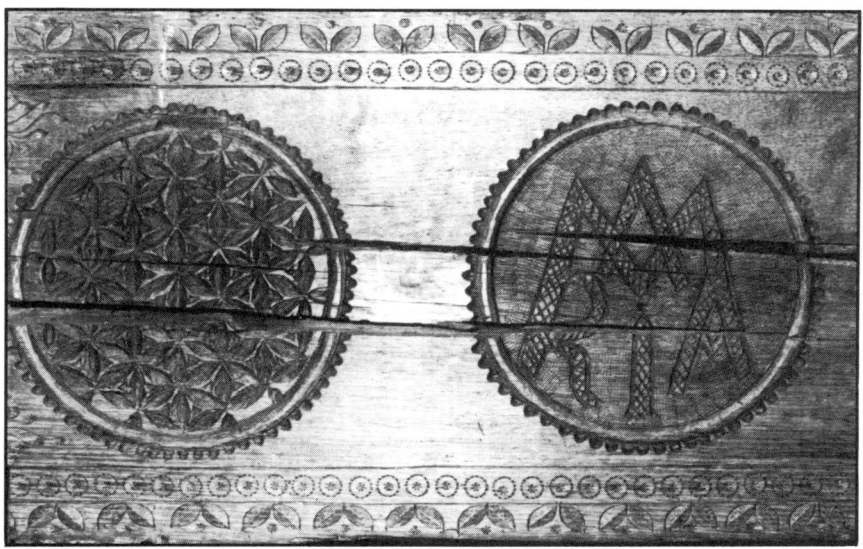

Der erste Hefeabstrich

Hat man sich ausreichend davon überzeugt, daß die Gärung endgültig abgeschlossen ist, kann darangegangen werden, den ersten Hefeabstrich zu machen. Kein Fruchtweinhersteller wird es dabei versäumen, zum ersten Mal den jungen Wein genüßlich zu verkosten, ihn mit aller Gründlichkeit hinsichtlich Geschmack, Reife und Alkohol wirken zu lassen. Es muß einem dabei auffallen, daß die Restsüße in Alkohol verwandelt ist. Auch mit der Öchslewaage kann man nachmessen, ob all der im Saft enthaltene Zucker aufgebraucht und in Alkohol verwandelt ist. Die Öchslewaage darf dabei nicht mehr als 20 Grad Öchsle angeben. Zeigt die Probe mehr an, dann ist auf alle Fälle eine Nachgärung erforderlich.
Das Ende der Hauptgärungszeit bringt wieder viel Bewegung in den Keller, die mit einiger Arbeit verbunden ist. Das Gärglas wird abgenommen und der Weinschlauch (ca. 1½ m lang, Ø 1 cm) in den Gärbehälter eingeführt. Dies soll möglichst ohne Hektik geschehen, Faß bzw. Ballon sollen ruhig stehen, damit die am Boden abgesetzten Trubteilchen nicht aufgewirbelt werden. Mit dem Mund saugt man den Jungwein an und läßt ihn in einen zweiten Behälter ablaufen, der ruhig ein Provisorium wie eine Plastikwanne sein kann, weil ja hier nur eine kurze Lagerung erfolgt, bis das Faß wieder gereinigt ist. Bei diesem Vorgang muß man unbedingt dabeibleiben, damit der Schlauch nicht zu tief ins Gärungsgefäß rutscht, weil sonst der sich abgesetzte Trub mit angesogen würde. Beim ersten Hefeabstrich sollen ja alle am Boden abgesetzten Teilchen entfernt werden.

Man kann sich bei dieser Arbeit eines Weinhebers aus Glas oder Kunststoff bedienen, der für diesen Zweck speziell von den Reinzuchthefeanstalten angeboten wird. Doch ob Weinheber oder Weinschlauch aus Plastik, es ist stets dafür zu sorgen, daß das Schlauchende im Faß bzw. Ballon stets drei Zentimeter über dem Boden bleibt. Sicher wird man die genaue Grenze zwischen Trub und Wein nie auf den Millimeter feststellen bzw. ganz genauso abziehen können. Der restliche über dem Trub verbliebene Wein kann aber dennoch gerettet werden, indem man die Trubteilchen durch einen Papier- oder Plastikfilter abfängt und den so gereinigten Wein dem Jungwein zugibt.
Nach dem Abziehen muß der Gärbehälter sorgfältig gereinigt und mehrmals ausgespült werden. Anschließend wird der Jungwein ohne Heferückstände wieder eingefüllt. Nach diesem ersten Hefeabstrich kann es zu einer weiteren kurz aufflackernden Gärung kommen. Dann muß nach einigem Zuwarten, bis es aufgehört hat zu blubbern, ein zweiter Abstrich erfolgen.

Leichter oder starker Most – das Vinometer zeigt's an

Wen interessiert es nicht vor dem Verkosten schon, ob sein Most leicht, mittel oder stark geraten ist? Das ist ganz leicht getan. Denn für weniger als DM 15,– gibt es ein sogenanntes Vino- oder Alkoholometer zu kaufen. Mit diesem kleinen Glasröhrchen mit aufgesetztem Zylinder und aufgeprägter Skala kann man relativ einfach den Alkoholgehalt des Weines Marke »Hausmacher« feststellen.

Das Haltbarmachen durch Schwefelung

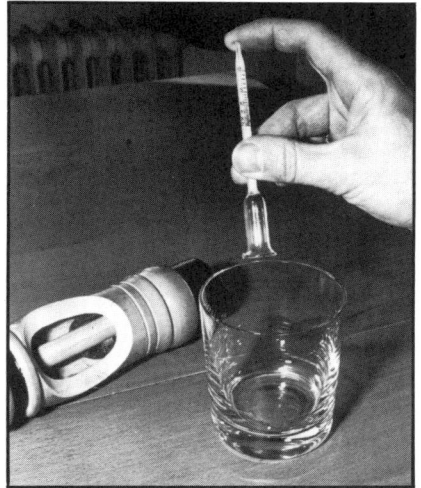

Mit dem Vinometer läßt sich leicht feststellen, wie der Alkoholgehalt des selbstgekelterten Weines ausgefallen ist.

Apfel-, Birnenwein oder auch andere Fruchtweine kann man durch die Zugabe von Schwefeltabletten haltbarer machen. Eine Schwefeltablette von 1 Gramm reicht dabei für 10 Liter aus. Nach dem ersten Hefeabstrich muß der Jungwein vom Gärkeller in den etwas kälteren Lagerkeller gebracht werden, denn bei seiner weiteren Entwicklung müßten sonst Geschmackseinbußen hingenommen werden. Selbst eine schwache Schwefelung trägt auch zur Klärung des Weines bei. Durch die Beigabe von Schwefeltabletten wird eine mögliche Oxidation verhindert und ein goldgelber Glanz – also Schutz vor Braunwerden – erreicht.

So lassen sich Schwefeltabletten am leichtesten pulverisieren.

Das Vinometer wird mit der nach unten auslaufenden Kapillare bereit gehalten und die Mostprobe in den Glastrichter gegossen. Wenn einige Tropfen von der Kapillare ausgeflossen sind, drückt man mit dem Daumen gegen das untere Ende, also gegen die Spitze dieser Haarröhre, und dreht das Ganze um, damit der im Kelch verbliebene Wein auslaufen kann. Daraufhin nimmt man den Daumen von der Spitze des Vinometers. Der in der Haarröhre verbliebene Wein fällt so lange nach unten ab, bis er an der richtigen Alkoholgradzahl stehen bleibt. Ein besonders exaktes Meßergebnis läßt sich aber nur bei Weinen mit hohem Extrakt erreichen.

Mostkrankheiten heilen

Klappt die Mosterei auf Anhieb nicht so, wie man sich das vorstellt, kann es dafür verschiedene Gründe geben. Es kann daran liegen, daß der gewonnene Fruchtsaft zuwenig Hefezellen und Nährstoffe für die Gärung bereithält. Es können zu niedrige Temperaturen im Gärraum Schwierigkeiten verursachen. Auch mangelnde Faß- und Ballonhygiene kann die Ursache sein, daß die Gärung nicht in Schwung kommt. Alles hat hier seine eigenen Gesetze, die beachtet werden müssen.

Was den Mangel an Hefezellen betrifft, sollte man die Gärung als erstes durch Zusetzen von Reinzuchthefe in Gang bringen. Auch die Beimischung von Hefenährsalztabletten ist durchaus ein geeignetes Mittel, den natürlichen Gegebenheiten etwas nachzuhelfen.

Die Frage nach der richtigen Wärme im Gärraum ist ebenso entscheidend. Setzt man im Sommer Most und Beerenweine an, so kann auch die Sonnenenergie genutzt werden. Doch sollte man darauf achten, daß hier nicht des Guten zuviel getan wird. Andererseits soll der Ballon oder das Gärfaß unmittelbar nach dem Ansetzen oder auch später vor Abschluß der Gärung in einen Keller gestellt werden, in dem Temperaturen von unter 10 Grad herrschen. Wer einen Heizungskeller hat oder genügend Platz in der Küche oder auch einen ungenützten Raum in der Dachkammer, der kann diesen Räumlichkeiten seinen Most gut anvertrauen, weil hier überall gleichmäßige Temperaturen für eine alsbaldige und unaufhaltsam voranschreitende Gärung sorgen. Darüber hinaus ist es erfolgreich, ab und zu im Gärfaß zu rühren.

Kurzum, die am meisten gemachten Fehler basieren auf unsauberem Umgang mit Faß und Geschirr, zu langem Warten mit dem Abpressen der Maische und der Mißachtung von Hygieneerfordernissen. Nachfolgend sollen die häufigsten Weinkrankheiten, deren Ursachen und ihre Verhütung aufgezeigt werden. Wenn es auch nicht in allen Fällen möglich ist, eine »Heilung« dieser Weinkrankheiten und der auftretenden Fehler bei der Gärung zu erreichen, so soll dennoch auf Möglichkeiten verwiesen werden, die vielleicht den einen oder anderen »erkrankten« Ballon bzw. Faß retten können.

Essigstich

Diese »Krankheit« ist an ihrem Essiggeruch leicht zu erkennen. Um hier im Anfangsstadium abzuhelfen, ist es wichtig, daß vom Beginn der Gärung an in einwöchigen Zeitabständen Kostproben entnommen werden. Stellt man einen stechenden Essiggeruch fest, kann zugleich auch beobachtet werden, daß auf der Oberfläche der Gärmasse sich schleimige Häute bilden, deren Vorläufer sich als weißlicher Schleier zeigt. Als Erreger dieser »Krankheit« gelten die Essigbakterien, wilde Hefen also, die sich schon in der Maische entwickeln können, wenn diese zu lange steht bzw. die Früchte beim Sammeln oder Transportieren verletzt wurden und zu faulen beginnen. Infiziert werden kann aber auch der bereits abgepreßte Most durch die Essigfliegen, so daß es sehr wichtig ist, die Maische und

auch den später gewonnenen Saft nie lange herumstehen zu lassen, denn das kann diese Bakterienüberträger nur anlocken. Ist der Saft dann im Faß oder im Ballon, soll man auch mit dem Verschließen mittels Gärglas nicht lange warten. Nur so kann man den Fliegen den Zugang zum Faßinhalt verwehren. Kommt es trotzdem einmal vor, daß man die Maische über Nacht stehen lassen muß und sie also nicht mehr am selben Tag abpressen kann, so sollte man sie unbedingt schwefeln. Denn die Behandlung hindert die Essigbakterien an einer Vermehrung. Eine »Heilung« vom Essigstich ist nur im Anfangsstadium durch Erhitzen des Mostes auf 70 Grad möglich, wobei die Essigbakterien vernichtet werden. Bei dieser Prozedur und dem späteren Erkalten werden dem Saft pro 10 Liter an die 250 Gramm Zucker und 4 Gramm Hefenährsalz zugegeben, sowie eine neue Reinzuchthefe zugesetzt.
Ein stark essigstichiger Most dagegen ist nicht mehr zu retten und soll keinesfalls mit gesundem Most vermengt werden. Hierbei würde man nur den Essigstich auf den gesunden Saft übertragen. Zu beachten ist auch, daß essigstichige Fässer einer gründlichen Behandlung unterzogen werden müssen, bevor sie neu zur Verwendung kommen.

Zäher und schleimiger Most

Diese Weinkrankheit kann während und auch nach der Gärung auftreten, wenn kein hundertprozentiger Luftabschluß gegeben ist. Sie kann aber auch vorkommen, wenn der Saft ein zu niedriges Mostgewicht und damit zu wenig Alkohol in sich hatte. Äußere Merkmale sind, wenn der Most sich ölig zeigt oder beim Ablassen schleimige Fäden zieht. Dieser »Krankheit« kann man vorbeugen, wenn von vornherein genügend Zucker zugesetzt und damit das Mostgewicht aufgemöbelt und der Abstich nicht zu spät vorgenommen wird. Einen Heilungsversuch kann man auch hier durch Erhitzen des zähen Mostes auf 60–70 Grad wagen. Außerdem muß mit einem Schaumschläger der ganze Inhalt kräftig durchgeschlagen werden, wodurch die Schleimfäden zerrissen werden. Eine neuerliche Gärung muß mit Zucker, Hefenährsalztabletten und Reinzuchthefe versucht werden, wobei pro 10 Liter 250 Gramm Zucker und 4 Gramm Hefenährsalz zugegeben werden. Vorbeugen: rechtzeitiger Abstich und Schwefelung.

Kahmiger Most

Bildet sich auf der Weinoberfläche eine schneeweiße bis graue oder gar grau-rötliche Haut, die immer dicker wird, dann aber abreißen kann und zum Faßboden hin absinkt, besteht die Gefahr, daß der Most kahmig wird. Die Kahmhefe verzehrt den Alkoholgehalt und baut den Geschmack laufend ab. Hier ist in erster Linie Luftzutritt bei der Lagerung des Weines die Ursache, wobei sich Kahmhefen entwickelt haben. Kahmiger Most kann durchaus gerettet werden, wenn man ihn vom Faß abläßt, wobei die Hefe nicht mit abgesogen wird. Eine gründliche und wiederholte Faßreinigung ist als erstes vorzunehmen. Der Most selbst ist mit Kaliumpyrosulfit (15 Gramm je Hektoliter) zu schwefeln. Vorsichtshalber sollte der ganze Saft gefiltert werden.

§. 3. Wie der Wein-Keller soll beschaffen seyn.

Einen Keller zu bauen, ist zwar meine Handthierung nicht, und lasse solches billich demjenigen, der es gelernet, jedoch will ich meine Meynung hievon kürtzlich melden, und ist nöthig, der einen Wein-Keller bauen will, daß er dahin sehe, wie er Fenster oder Lufft-Löcher nach dem Mittage machen lasse, daß er den Mittag-Wind, wann derselbe wehet, des Tages etliche Stunden durch den Keller streichen lasse, die andere Fenster aber, so nach Mitternacht stehen, wohl bewahrt, dann alle die andere Winde seynd den Weinen schädlich.

§. 4. Wie mit dem Moste umzugehen.

Wenn der Most giehret, und noch warm ist, so geuß darein einen Zuber voll süsses Mostes, oder auch wohl zween, darnach das Faß groß ist, so beginnet der Wein wieder zu gähren, wie zuvor, und wann sich der Most gesetzet, geuß aber so viel darein, wie zuvor, thue das drey- oder viermahl, so wird der Wein starck und dicke.

Item:
Schneide süsse Apfel oder Birn entzwey, und so der Most giehret, hänge sie in das Faß, und so die Aepfel oder Birn ihre Krafft verliehren, thue andere dergleichen hinein, so lange als der Most giehret, und endlich so nehmet sie wieder heraus, so wird der Wein edel und gut.

Item:
Hänge in einem neuen Sacke Hopfen-Blumen, oder Bircken-Saamen, oder venum græcum, oder Holtz vom Myrten-Baum, oder Aloes, Beyfuß-Saamen, oder Spiconardi, oder gedörrete Korn-Blüthen ins Faß,

und wenn der Wein vergohren, thue es wieder heraus, da bleibet der Wein bey seiner Farbe und Krafft.

Item:
Wenn der Wein anfähet zu gähren, thue Spähne von Wachholder-Holtz darein, und wenn der Wein gar vergohren, thue die Späne wieder heraus.

Item:
Wollt ihr dem Wein das Gähren wehren, es sey auf dem Lager, oder wenn das Faß geführet wird, werffet ein wenig Käse in das Faß. Probatum.

§. 5. Den Most bald lauter zu machen.

Geuß in einen Eymer Most ungefähr einen Schoppen Wein-Eßig, so wird er innerhalb 4. Tagen rein und lauter. Etliche thun auch aus dem Erdreiche des Wein-Gartens, darinnen die Weine gewachsen, 2. oder 3. Handvoll in ein Faß, so setzet er sich in 24. Stunden. Das letztere habe ich vor besser befunden.

Item:
Thue Hagbüchne-Späne in ein Wein-Faß, schütte den neuen Most darüber, so setzet er sich in 24. Stunden.

Item:
Hänge Nessel-Kraut oder Wurtzel in den Wein, und schlag den Spund zu, so bricht der Wein nicht, und bleibt Geschmack.

Item:
Nehm gebrannten Leimen aus einem Ofen, zureibe denselben, und thue ihn in den Most, so er vergohren hat, oder in den Wein, macht ihn hübsch, und bekommt einen sehr guten Geschmack.

Schimmel

Schimmel beim Most kann mannigfache Ursachen haben: Verwendung schimmeliger Fässer, schimmeligen Obstes, Beginn des Gärprozesses bei zu kalten Kellertemperaturen. Vorbeugen: Gärung möglichst bald mittels Reinzuchtkulturen und Hefenährsalz in Schwung bringen. Stark angeschimmelte Moste sind nicht mehr zu heilen. Nur bei leichtem Schimmelgeschmack ist durch Kohleschönung abzuhelfen. Die notwendige Menge von Aktivkohle sollte man von einem Labor bestimmen lassen. Nach der direkt in den Most gegebenen Aktivkohle ist eine erneute Gärung durch Zugabe von Hefenährsalz (250 Gramm Zucker und 4 Gramm Hefenährsalz pro 10 Liter) sowie einer weiteren Reinzuchthefe herbeizuführen. Vor erneuter Gärung die Aktivkohle abtrennen, d. h. vom Saft absieben.

Der Most riecht nach Sauerkraut

Die Ursachen für diese Weinkrankheit sind in einem zu geringen Säuregehalt, einer zu warmen Lagerung und einem Vergessen des Schwefelns bei anfälligem Saft zu suchen. Die Lagerung des Mostes in Räumen mit Sauerkraut, saurer Milch, eingesalzenen Bohnen oder auch sauren Gurken sollte unterbleiben. Eine »Heilung« kann man durch Erhitzen des befallenen Mostes auf 60–70 Grad herbeiführen, wodurch man die Milchsäurebakterien zum Absterben bringt. Im Anschluß daran sollte man den Säuregehalt nachprüfen und eventuell zu erhöhen versuchen. Das Ganze bringt man nochmals zum Gären durch Zuckerzugabe von rund 300 Gramm pro 10 Liter und 4 Gramm Hefenährsalz sowie einem Fläschchen Reinzuchthefe. Ist die erneute Gärung beendet, sollen der Hefetrub sofort abgezogen, der Most geschwefelt sowie ein guter Luftabschluß und kühle Lagerung garantiert werden.

»Mäuselnder« Most

Auch das kann vorkommen: Der an und für sich fertiggegorene Most verzieht einem bei der ersten Probe das Gesicht aufgrund eines abscheulichen Geschmacks. Erhitzt man einige Tropfen, dann schlägt einem ein Geruch entgegen, der eher an Mäuseharn als an einen wohlriechenden Tropfen erinnert, woher auch der Name dieser Weinkrankheit kommt. Am häufigsten davon befallen sind süße und nicht oder zuwenig geschwefelte Obst-Dessertweine, die in der Gärung stecken geblieben sind.

Doch wie schützt man sich gegen das Mäuseln? Zum einen durch Einschwefeln der Maische und des Obstsaftes mit Kaliumpyrosulfit, durch einen dichten Luftabschluß und durch eine schnell anspringende Gärung mit Hilfe einer Reinzuchthefe. Eine Rettung vor dem Verderb bei mäuselndem Most ist durch leichtes Schwefeln und auch wiederum durch eine erneute Gärung möglich.

Der »schwarze Bruch«

Wenn die Maische oder auch später der Most mit Eisenteilen in Verbindung kommt, kann sich dies bald rächen. Bereits kleine Beschädigungen an den Obstmühlen und Keltergeräten, an abgeschlagenen Emaileimern können die Ursache sein. Am ehesten erkennt man den »schwarzen Bruch«, wenn der Most seine normale Farbe verliert und bei der ersten Probe einen bläulichen oder gar schwarzen Schimmer zeigt. Mangelnde Schwefelung mag daran schuld sein. In erster Linie, das muß immer wieder gesagt werden, ist es aber der hohe Eisengehalt im Wein, der durch das Auflösen von metallischen Bereichen durch die Fruchtsäure entsteht. Diesem Weinfehler ist meist nur durch einen Fachmann abzuhelfen. Es müssen Proben in ein chemisches Labor eingesandt werden. Von dort erhält man die Mengenangabe für den Zusatz des Schönungsmittels (Blauschöung). Außerdem gibt es noch den »grauen Bruch«. Schuld hieran ist ebenfalls ein zu hoher Eisengehalt und die Ausscheidung von Phosphorsäure. Als Vorsichtsmaßnahme gilt das, was bereits zum »schwarzen Bruch« ausgeführt wurde, also die Vermeidung jeglicher Berührung von nicht gestrichenen Eisenteilen. Eine »Heilung« muß auch hier über den Fachmann, der die entsprechende Menge des Schönungsmittels festlegt, geschehen.

Schwefel- und Hefeböckser

Gelangte beim Ausschwefeln eines Fasses Schwefel auf den Faßboden und wurde dieser nicht sorgfältig ausgespült, so kann er von den im Most vorhandenen Hefen in Schwefelwasserstoff verwandelt werden. Die Folge davon ist ein Geruch nach faulen Eiern (Schwefelwasserstoff). Zur Rettung des Mostgutes kann die Zugabe von Kaliumpyrosulfit Verwendung finden. Anschließend soll der Most sozusagen an die frische Luft gesetzt werden, daß sich der Schwefelwasserstoff verflüchtigen kann, was durch Umschütten mit einem möglichst dünnen Strahl von einer Plastikwanne in die andere geschehen kann. Eine erneute Gärung ist dann mit Zucker und Hefenährsalz sowie Reinzuchthefenzusatz vorzunehmen.

Der Most riecht nach fauliger Hefe

Dieser Weinfehler tritt dann auf, wenn säurearmer Wein zu warm gelagert und die Hefe nicht rechtzeitig abgezogen wurde. Vorbeugen bei säurearmen Weinen: sorgfältiger Abstrich ca. 8 Tage nach Beendigung des Gärablaufes. Eine eventuelle Heilung ist durch mehrmaliges Umfüllen von einem Gefäß ins andere zu versuchen.

Weitere Weinkrankheiten und Weinfehler sind das *Bitterwerden* und das *Rahmigwerden* des Mostes. Beiden Krankheiten beugt man am besten durch Schwefelung vor und vor allem dadurch, daß man die Maische sofort verarbeitet.

Die Flaschenabfüllung

Reinigen der Flaschen

Sauberkeit ist auch hier oberstes Gebot. Am zweckmäßigsten »weicht« man die für die Abfüllung von Most und Fruchtweinen wie auch von für Süßmoste und Säfte benötigten Flaschen vorher einige Tage in einem großen Bottich ein. Anschließend werden die gröbsten und hartnäckigsten Rückstände aus dem Flascheninneren mit einer Flaschenbürste, wie sie in einschlägigen Geschäften angeboten wird, entfernt. Dem Einweichwasser kann man auch ein Geschirrspülmittel zugeben, muß dann aber die Flaschen hernach besonders gründlich nachspülen. Zuletzt sollen die Flaschen gut austropfen. Als Prüfung, ob die Flaschen wirklich rein sind, soll man sie unmittelbar vor der Füllung gegen ein starkes Licht, z. B. eine Neonleuchte, halten. Dann aber muß schnell gehandelt werden, die gereinigten Flaschen sollen nicht längere Zeit herumstehen, damit sich nicht erneut Schädlinge einschleichen können.

Die Korken

Bereitstehen müssen dann auch die Verschlüsse. Am besten verwendet man Naturkorken, die einen guten halben Tag lang in kaltem Wasser eingeweicht werden. Damit erreicht man zweierlei: Erstens verlieren die Korken an Eigengeschmack, zweitens bleiben sie elastisch genug, damit sie beim Verkorken, was mit einem einfachen Handapparat, einem sog. Verkorkapparat, geschehen kann, leichter zu handhaben sind. Werden gebrauchte Korken verwendet, muß man sie in eine Kaliumpyrosulfitlösung tauchen. Dabei genügt für 1 Liter Wasser 1 Gramm Schwefelsalz. Ein übriges tun kann ein Wasserbad mit einer Pyrosulfitlösung in einem Mischungsverhältnis von 2 Gramm pro Liter Wasser.
Es können auch Kunststoffkorken verwendet werden. Gesagt werden muß aber, daß bei Kunststoffverschlüssen immer noch jene Elastizität vermißt wird, die beim Naturkorken für längere Zeiträume gegeben ist.

> Korken dürfen keinesfalls mit heißem Wasser von über 40 Grad »präpariert« werden, das würde zum Verlust ihrer Dichtheit führen.

Als weitere Maßnahme müssen die Flaschenhälse bzw. die überstehenden Korken nochmals mit Wasser gereinigt werden, weil es ja beim Verkorken möglich ist, daß die nach außen hin gewandte Korkoberfläche Nährstoffe für Schimmelpilze abbekommen hat.

Das Abfüllen

Das Abfüllen selbst geschieht schnell und mit wenigen Handgriffen. Den Weinheber aus Plastikmaterial mit einem guten Meter Schlauchstück steckt man in das Faß bzw. in den Gärballon, der auf einem Stuhl steht, darunter die Flasche. Will man nicht bei jeder Flasche neu mit dem Mund ansaugen, ist es gut, sich einer Schlauchklemme zu bedienen, die am unteren Ende angebracht ist und sich schnell öffnen und schließen läßt.
Zwischen Wein und Korken muß ein kleiner Zwischenraum frei bleiben, um bei wechselnden Temperaturen

Ohne Kraft geht's nicht: das Verkorken der gefüllten Flaschen mit dem hölzernen Verkorkungsgerät.

Stauraum zu bilden. 2–3 Zentimeter sollte er messen, denn gerät er zu groß, kann dieser Luftraum leicht zur Oxidierung führen.

Die Flaschenfarbe

Und welche Flaschenfarbe ist die geeignetste? Hier gehen die Meinungen weit auseinander. Am liebsten verwendet werden braune Flaschen. Diese bringen die Gewähr, daß sie photosynthetischen Einwirkungen am besten widerstehen. Mit gutem Gewissen können natürlich auch grüne Flaschen aus den Leergutbeständen Verwendung finden. Am empfindlichsten ist der gewonnene Most bzw. Wein in glasklaren, also farblosen Flaschen. Bei ihrer Verwendung sollte der gewonnene Wein am besten in einem sehr dunklen Keller lagern.

Etikettierung, Lagerung, Wein-Buchhaltung

Etikettierung

Wer bei der Herstellung von Most und Weinen zur Perfektion neigt, der wird seinen ganzen Stolz nicht nur auf die gewissenhafte Herstellung verlegen, sondern auch bei der späteren Präsentierung des »Eigenbaus« eine besondere Note entfalten. Im Sortiment der Reinzuchthefehersteller werden Etiketten mit Aufschriften wie »Der fröhliche Kellermeister« oder »Privatabfüllung« für wenige Pfennige angeboten. Dort gibt es auch dekorative Stanniolkappen zu kaufen, die man über den Flaschenverschluß stülpen kann. Letztere Zierde hat auch einen praktischen Vorteil, denn dadurch wird der Korken vor unerwünschten »Infektionen« geschützt. Wer aber bei der Etikettierung noch individueller sein will, dem kommen die überall in Schreibwarengeschäften vorhandenen Fotokopierautomaten gerade recht, wo man nach eigenen Tuschezeichnungen entsprechende Etiketten mit Phantasienamen, Jahrgangsangaben, »Lagen-Beschreibungen« anfertigen lassen und damit seinem Hauswein und -most eine besondere Note verleihen kann. Zudem hat diese Etikettierung auch noch einen anderen praktischen Vorteil: Man weiß bei der Lagerung dann auch noch nach Jahren, was in welcher Flasche ist.

Lagerung

Genauso wie bei den im Weingeschäft oder vom Winzer gekauften Spezialitäten sollen Most und Fruchtweine bei Temperaturen um 10 Grad gelagert werden. Das heißt aber nicht, daß z. B. bei über kürzere Zeiträume auftretenden höheren

Der eigenen Phantasie überlassen ist die Gestaltung der Etiketten für den Wein aus eigener Produktion.

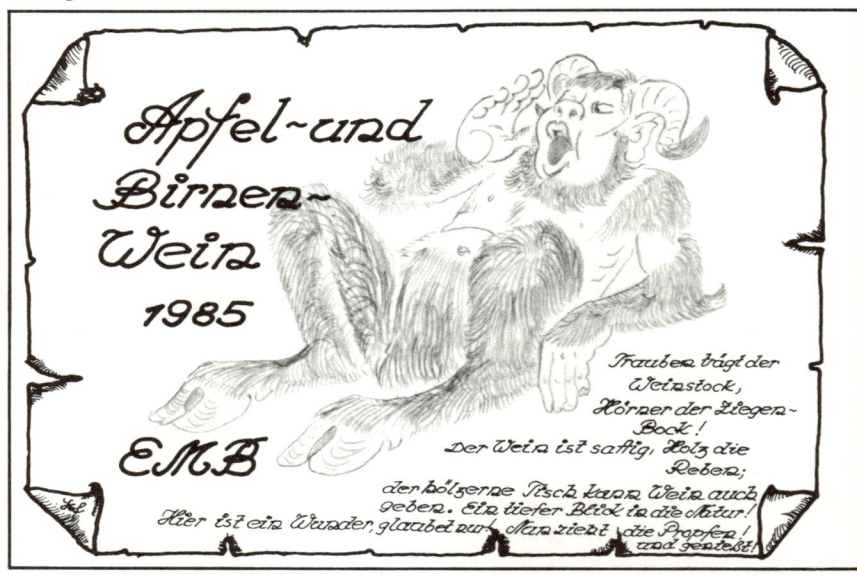

Wärmegraden im Sommer der Wein augenblicklich umkippen würde. Nur von der Haltbarkeit her gesehen ist eben eine gleichmäßige, zwischen 6 und 12 Grad schwankende Kellertemperatur die beste Garantie für eine lange Lagerzeit.
Als Faustregel gilt, daß z. B. normale Apfel-Tafelweine mit niedrigem Alkoholgehalt nicht länger als 2 Jahre gelagert werden sollen. Bei höheren Alkoholprozentgraden kann man sich mit dem Verkosten länger Zeit lassen, da höherprozentiger Wein eine längere Lagerdauer verträgt und von Jahr zu Jahr geschmacklich aufbaut. Dessertweine, so wird jeder Kenner feststellen, erreichen erst mit 2 Jahren ihre vollste »Blüte«. Die Bekömmlichkeit kann dadurch nur gewinnen.
Bei verkorkten Flaschen ist eine liegende Aufbewahrung zu empfehlen, während bei Kunststoffverschlüssen die Flaschen stehend im Weinkeller gelagert werden müssen.
Wer sich jedoch das Abfüllen in Flaschen ersparen will, seinen hausgekelterten Wein im Faß lagern möchte, hat nur darauf zu achten, daß das bereits zur Gärung benutzte Behältnis vor der erneuten Füllung nach dem ersten und zweiten Hefeabstrich gründlich gereinigt ist, das Faß eventuell nochmals geschwefelt wurde und dann mit Wasser ausgespült ist. Das Abzapfen geschieht dann von Fall zu Fall entweder mit Hilfe eines am Faßboden eingeschlagenen Wechsels oder mit Hilfe eines Weinhebers bzw. Weinschlauches, wobei die Flüssigkeit mit dem Mund oder mit einer entsprechenden, im Handel angebotenen Saugvorrichtung (sieht pistolenartig aus und hat einen zusammenpreßbaren Druckbehälter aufgesetzt) angesaugt werden kann. Die Lagerung von Obst- und Fruchtweinen kann ebenfalls in zuvor gründlich gesäuberten Glasballons, die gut abgekorkt sind, erfolgen.

Wein-Buchhaltung

Aus Erfahrung wird man klug. Schlechte Erfahrungen sind oft die lehrreichsten. Das gilt auch für die häusliche Fruchtweinbereitung. Es ist also zu empfehlen, sich ein kleines Notizbüchlein anzulegen, in das man all jene Arbeitsvorgänge, Mengen, gemessene Temperaturen, Obstgewicht, erzielten Alkoholgehalt und dergleichen einträgt. Das ist vor allem dann von großem Vorteil, wenn man alljährlich von den eigenen Bäumen das Mostobst gewinnt und von Saison zu Saison das Ergebnis der eigenen Weinherstellung verbessern möchte. Wichtig sind natürlich auch die Eintragungen über die Gärzeiten und die in den Gärräumen und im Keller vorherrschenden Temperaturen. Die beste Übersicht gelingt, wenn man für die Aufschreibungen pro Frucht eine Doppelseite verwendet, um die Sache tabellarisch darstellen zu können. Von Jahr zu Jahr werden die Eintragungen ergänzt, so daß daraus ein Buch reichlicher Erfahrungen wird.

Ein Beispiel:
Man trägt als Hauptorientierung die Frucht und den Jahrgang ein, darunter die Obst- bzw. zu kelternde Fruchtmenge, die erzielte Saftmenge, das gemessene Mostgewicht, Zugaben von Zucker sowie Hilfsmitteln zur Gärung, Beginn und Ende der Gärzeit, den Kommentar über den vorgefundenen Geschmack, den erzielten Alkoholgehalt und schließlich das Flaschenergebnis.

Aus irdenen Krügen schmeckt der Most am besten (Schnitzerei des Haagener Mostmuseums).

Die erste Mostprobe – das Verkosten

Unruhig wie der Most in den Tagen und Wochen seiner Gärung erwartet man den Lohn der Arbeit. Der sollte aber nicht allein und einsam genossen werden, sondern sich des Beifalls auch jener erfreuen, denen den ganzen Herbst hindurch der Mund damit wäßrig gemacht wurde. Sie sollten teilhaben am bescheidenen Glück des stolzen Mannes, der ein oder auch mehrere gefüllte Mostfässer sein eigen nennt.
Nach sechs- bis achtwöchiger Vorfreude ist es dann soweit. Freilich hat der kluge Hausvater schon still und heimlich vorher einmal das Gär-

Mittels Plastikschlauch wird der erste Krug vom Holzfaß abgezapft.

glas weggesteckt und den Plastikschlauch des Weinhebers ins Faß oder in den Ballon gesteckt, um von seinem Most zu kosten und Stärke

Zum Genuß von Most und Fruchtwein darf eine kräftige Brotzeit mit Geräuchertem und Bauernbrot nicht fehlen.

oder Milde zu erfahren, wovon aber selbst den Familienangehörigen nichts verraten wird.
Fällt diese Kostprobe zur Zufriedenheit aus, dann ist es Zeit, zur wirklich »ersten« Mostprobe einzuladen. Sicher geschieht dies nicht formell mit schriftlichen Einladungen. Es muß eher wie ein Zufall aussehen, um die eigene Überraschung über das gut gelungene Eigenprodukt auch entsprechend kundtun zu können.
Doch wie soll ein »guter« Most sein? Wie soll er aussehen? Wie stark darf er sein? Auch hier läßt sich über den Geschmack streiten. Die Verträglichkeit bei Mann und Frau, bei jung und alt, bei Abstinenzlern und »eingetrunkenen« Leuten ist ja ganz verschieden – auch beim Most. Doch wie der Most sein soll, daran darf kein Zweifel bestehen: klar bis glanzhell, grüngelb bis goldgelb in seiner Farbe. Trüber Most läßt sich, selbst wenn er in tönernen Krügen und Bechern »verpackt« ist, nur schlecht anbringen, selbst wenn man seine Gäste damit zu beschwichtigen versucht, daß diese »Flunzerl« nur die Echtheit der Eigenproduktion kennzeichnen.
Vom Duft her darf der Most seine Herkunft, seine »Väter« nicht verleugnen. Soweit es sich um Äpfel und Birnen handelt, muß er mit einem milden Obstgeruch überzeugen, muß frei von einem aufdringlichen Säuregeruch sein.
Most ist, und das wird keiner bestreiten, der an lauen Sommerabenden einmal zum Mostkrug gegriffen hat, ein durchaus erfrischendes und durststillendes Getränk. Ausreichender Säuregehalt macht ihn spritzig, auch von der Kohlensäure her gesehen. Alkohol, Extrakt und Säure müssen weinähnlich zueinander passen, harmonisieren. Daß ein solcher Most auch entsprechend »süffig« ist, wird den Gastgeber dieser ersten Mostprobe vielleicht nicht nur stolz machen, sondern auch überraschen, wenn er nämlich am Tage nach der Mostprobe feststellen muß, daß sein erstes angezapften Mostfaß bei der »Klopfprobe« schon recht hohl klingt.
In vornehmen Haushalten gibt es, um die Gradzahl der Trinktemperatur zu bestimmen, recht kunstvoll hergestellte Weinthermometer. Kein Zweifel besteht daran – und das wird wohl jeder echte Mostkenner gerne bestätigen –, daß Most kellerfrisch angeboten werden muß, d. h. zwischen 10 und maximal 14 Grad. Darüber hinaus schmeckt er auf alle Fälle schal. Andere Fruchtweine dagegen, wie Johannisbeer-, Heidelbeerweine und wie sie alle heißen mögen, können auch mit 17 und 18 Grad gut und gern getrunken werden. Sie entfalten weitgehend erst bei dieser Temperatur ihr volles Aroma.
Und damit an heißen Sommertagen der zu Tisch gebrachte Apfel- und Birnenwein – süddeutsch und österreichisch gesprochen: der Most – auch seine Frische behält, serviert man ihn am besten in einem irdenen Krug. Der sich schnell erwärmende Glaskrug kann die aus dem Keller mitgebrachte Kühle nicht so lange konservieren.
Das gilt aber nicht nur für den Krug, sondern auch für die Mostbecher, die für den anspruchsvollen Mosttrinker ebenfalls aus irdenem Material sein sollen.

Inmitten sonnenbeschienener Gärten macht das Ansetzen von Fruchtweinen und Fruchtlikören besonders viel Freude.

Rezepte

Obst- und Fruchtweine in der jahreszeitlichen Folge

Wer auf Hauskelterei von Apfel- und Birnenmost, Apfel- und Birnenwein also, schwört, wird früher oder später mal dazu übergehen, auch die vielen anderen Früchte aus dem eigenen Garten, aus Feld und Hain, ja sogar auch Südfrüchte für die Herstellung von wohlmundenden Weinen in Betracht zu ziehen. Der Gärprozeß unterscheidet sich grundsätzlich kaum von den Arbeitsgängen, die bereits ausführlich beschrieben sind. Unterschiedlich verfahren wird hier nur bei Früchten mit hohem Pektingehalt (Pektine sind Substanzen, die die Fruchtfleischzellen zusammenhalten und das Gelieren der Fruchtsäfte bewirken). Das ist zum Beispiel bei Stachelbeeren, Pflaumen und Erdbeeren oder auch bei Früchten mit nur geringer Saftausbeute (Hagebutten) der Fall. Hier empfiehlt sich eine Maischegärung (Maische = zerkleinerte und zerquetschte Früchte).

Bei der Maischegärung wird zur Einleitung des ersten Gärabschnittes der Fruchtsaft gemeinsam mit den gequetschten Früchten in einen Behälter getan. Erst nach 1–2 Wochen sondert man die Maische ab, um den Gärprozeß mit dem abgefilterten Saft erneut einzuleiten.

Die nachfolgenden Rezeptangaben sind jeweils für eine Ballongröße zwischen 10 und 15 Liter gedacht.

Bei Maischegärung muß berücksich-

Die meisten Beeren lassen sich mit Hilfe eines Preßtuches leicht entsaften. Auch die Maische kann damit gut abgepreßt werden.

Nach einer Maischegärung von gut einer Woche wird der Saft mit Hilfe eines Nudelseihers von den Fruchtrückständen getrennt, um ihn der weiteren Gärung zuzuführen.

tigt werden, daß beim ersten Gärprozeß, also den Tagen der Maischegärung, ein großer Steigraum erforderlich ist, der Ballon also um rund 50 Prozent größer sein muß als die eingetrichterte Frucht- und Saftmasse.

Rhabarberwein

Wenn man den Rhabarber auch nicht zu den Obstarten zählen kann, so verdient er bei der Herstellung von Weinen und Säften dennoch Beachtung, beginnt doch mit ihm das Erntejahr des Fruchtweinbereiters. Vier bis fünf der sich schnell vermehrenden Stöcke können genügen, um die Erfordernisse der Saison für Kuchenbelag, Kompott und auch ein kleines Ballönchen Rhabarberwein abzudecken bzw. zu keltern.

Die Stengel, die man am besten aus dem Stock herausdreht, werden gewaschen, in ca. 2–3 cm lange Stücke geschnitten und in einer entsprechenden Vorrichtung vorgequetscht, was aber auch mit einem hölzernen Fleischklopfer oder ähnlichem Holz geschehen kann. Als weiterer Arbeitsgang erfolgt das Übergießen mit heißem Wasser. Das Wasser kann man anschließend noch zum Ansetzen der Zuckerlösung gut gebrauchen, damit ja nichts an kostbarem Saft und Geschmack verloren geht. Die so überbrühten Rhabarberstücke werden abgepreßt.
Wichtig: Rhabarbersaft enthält Oxalsäure (Kleesäure, COOH-COOH), die nicht für jedermann bekömmlich ist. Man kann diese Säure abbauen, indem man kohlensauren Kalk (Kalziumkarbonat) zugibt. Der kohlensaure Kalk muß aber bereits in den Preßsaft gegeben werden. Dies bewirkt, daß in wenigen Stunden dieser oxalsaure Kalk sich absetzt und als weißer Satz am Boden des Behälters verbleibt. Man gibt den Saft dann ohne diesen Belag (am besten wird der Saft mittels Schlauch abgezogen) in das Gärgefäß.

Hier ist dann auch die Zumischung der in allen Drogerien erhältlichen Hefekultur und das zerstoßene Hefenährsalz hinzuzugeben. Auch die Milchsäure kann beigemischt werden. Sie dient zur Einstellung des Säuregehalts auf die erforderlichen Anfangswerte. Die Haltbarkeit des Getränks wird dadurch erhöht, der Geschmack frischer. Auch weingesetzlich ist dieser Zusatz bei der gewerblichen Herstellung von Fruchtweinen zugelassen. Getrennt hergestellt wird die Zucker-Wasserlösung, wobei die entsprechende Zuckermenge in leicht erhitztem Wasser aufgelöst wird. Gemischt wird der gesamte Rohsud dann bei Zimmertemperatur.

Gut abgerührt, füllt man dieses Gemisch in den Ballon und setzt das Gärglas auf, um dann den Gärprozeß selbst nahe dem Herd, bei guter Sonneneinstrahlung oder dort, wo's einfach warm ist, seinem Gelingen »auszusetzen«.

Rezept für Rhabarberwein
Von 6 kg Stengeln erhält man 4 l Rhabarbersaft.

Zugaben
4 l Wasser
2 kg Zucker
1 Fläschchen Heferasse »Steinberg«
30 g Milchsäure (80%)
3 g Hefenährsalz
Für Dessertwein
3 kg Zucker
Heferasse »Portwein« oder »Sherry«

Erdbeerwein

Wenn sich der Jahresring gegen Mittsommer neigt, dann ist Erdbeerzeit. Und in dieser Frucht haben wir einen besonders gehalt- und kraftvollen Vitamin-C-Träger, was durch Sonne und Düngung günstig beeinflußt werden kann. Die Erdbeere ist zwar die früheste und eine der aromatischsten Früchte in unserem Garten, doch auch die vergänglichste. Deshalb tut man gut daran, darauf zu achten, daß keine angefaulten oder schimmeligen Früchte zur Verwertung kommen.
Alte Hasen unter den Gartenfreunden raten dazu, die Erdbeerernte am frühen Vormittag vorzunehmen, da zu dieser Zeit das Aroma am besten sei. Erdbeeren enthalten gegenüber anderen Früchten viel Kalk, Eisen und Spuren von Salicylsäure. Die Ernte vollreifer Erdbeeren eignet sich vor allem zur Herstellung von gehaltvollen Dessertweinen.

Zur Vorbereitung einer Maischegärung werden die Früchte gewaschen, was man mit dem Zerstäuber des Gartenschlauches gut besorgen kann. Die Stiele und die Kelchblätter sind zu entfernen. Mit einem Kartoffelstampfer zerdrückt man den ganzen Erntesegen und stampft ihn zu Brei. Zugegeben werden sollen pro 5–6 Kilogramm Früchte 1 Gramm Kaliumpyrosulfit (die Tablette ist vorher ebenfalls zu zerstoßen). Weiterhin müssen das Antigeliermittel, die Reinzuchthefe, die Milchsäure und das Hefenährsalz hinzugegeben werden. Der Zucker ist separat im Wasser aufzulösen. Getrennt werden die Zuckerwasserlösung und die Erdbeermaische eine Nacht lang, zugedeckt bei Zimmertemperatur, stehen gelassen. Dann erst rührt man die sehr flüssig gewordene Maische in das Zuckerwasser ein. Eine kräftige, schon am ersten, spätestens am zweiten Tag einsetzende Gärung kann beginnen. Die Erdbeermaischegärung benötigt ein sehr großes Volumen, so daß es sich empfiehlt, für 10 Liter einen etwa 20 Liter großen Ballon bereitzustellen. In diesem Stadium können dann auch die Schwefeltabletten, wiederum zerdrückt, in den Behälter gegeben werden.
Ist der Käraufsatz aufgesteckt, soll der Ballon in eine warme Ecke der Küche oder vor ein Fenster gestellt werden, das eine starke Sonneneinstrahlung garantiert. Temperaturen von 20–25 Grad tun der Gärung gut. Auch in einer sonnigen Ecke des Gartens wird der Gärprozeß beschleunigt. Hier muß man darauf achten, daß bei stark absinkender Nachttemperatur die Ballons der Fruchtweine wiederum ins Zimmer gestellt werden.
Ist die Zweiwochenfrist vorbei, nimmt man die gesamte Maische aus dem Ballon und drückt sie durch ein Leinensäckchen oder Leinentuch. Die so gefilterte Flüssigkeit geht alsbald in einen weiteren Gärprozeß über. Je nach Temperaturverlauf rechnet man für diese zweite Stufe der Gärung 1–2 Monate. Hört der Ballon gänzlich auf zu blubbern, muß der Wein von der abgesetzten Hefe und dem restlichen Fruchtfleisch abgezogen werden. Es kann nicht schaden, nochmals 1 Gramm Kaliumpyrosulfit zur Schwefelung und damit zur besseren Haltbarmachung hinzuzugeben.
Erscheint einem der Erdbeerwein in diesem Stadium vielleicht etwas zu herb, so kann diesem Mangel durch eine Nachzuckerung abgeholfen werden. In Frage kommt eine Men-

ge von 20–25 Gramm pro Liter. Der Zucker muß aber im kalt bereitgestellten Wein aufgelöst werden. Eine Abfüllung in Flaschen scheint zu diesem Zeitpunkt noch zu früh, denn der Wein klärt sich nur sehr langsam. Deshalb empfiehlt es sich, ihn im Ballon zu belassen, was aber nicht heißt, daß er in diesem Zustand noch nicht getrunken werden könnte. Mit der Flaschenabfüllung wartet man bis zur vollkommenen Klärung, was vielleicht erst nach Monaten, also zu Beginn der Winterzeit, der Fall sein kann.

Rezept für Erdbeerdessertwein
Von 6 kg Früchten erhält man ungefähr 5 l Saft.

Zugaben
3 l Wasser
3 kg Zucker
30 g Milchsäure (80%)
4 Tabletten Hefenährsalz
2 Schwefeltabletten (Kaliumpyrosulfit)
Reinzuchthefe der Heferasse »Südwein«
10 ml Antigeliermittel

Johannisbeerwein

Schwarz, weiß, rot leuchten sie uns entgegen: die Johannisbeeren. Am meisten verbreitet ist die rote Beere, die ideale Voraussetzungen für einen Dessertwein mit hohem Alkoholgehalt mit sich bringt. Alle Johannisbeeren zeichnen sich durch Reichtum an Fruchtsäuren aus (Zitronensäure, Apfelsäure, Weinsäure). Die rote Beere soll auch zur Vorbeugung gegen Arterienverkalkung gut sein. Bei den Altvordern war die schwarze Johannisbeere auch als »Gichtbeere« bekannt.

Nachgewiesen sind auch verdauungsfördernde, appetitanregende, desinfizierende und alkalisierende Wirkungen. Johannisbeerstauden sind für Langzeiternten gut, denn von Ende Juni an kann bis zum Herbst mit ständigem Fruchtzuwachs gerechnet werden.

Schwarze Johannisbeeren bergen einen hohen Gehalt an Pektin in sich, was die Verarbeitung erschwert, die mit dem Waschen und Zerdrücken der Beeren beginnt. Hierauf erhitzt man die Maische auf etwa 50 Grad, gibt das Antigeliermittel dazu und läßt das Ganze nach heftigem Rühren in einem abgedeckten Behälter, am besten in einer Plastikschüssel, stehen. Auch hier kann das spätere Ausdrücken mit einem Tuch geschehen. Dem Saft werden dann Zucker und Hefenährsalz beigemischt. Die Maische soll in das bereitstehende Wasser eingerührt und zusammen auf etwa 50 Grad erwärmt werden. Damit sie sich gut vollsaugen kann, läßt man den Brei einige Stunden stehen, um dann nochmals abzupressen, was zur besseren Ausbeutung der Beeren und wegen der Farbgebung geschieht. Etwa 25 Grad soll die Temperatur des Weinansatzes bei Zugabe der Reinzuchthefe betragen. Die gewünschte Süße kann man nach Beendigung des Gärprozesses durch Zuckerzugabe noch etwas steuern. Damit der Wein nicht braun wird und der Farbstoff erhalten bleibt, kann es nicht schaden, auch hier nach vollendeter Gärung eine Schwefeltablette beizugeben, womit man gleichzeitig einer »Erkrankung« des Weines bzw. dem Säureabbau vorbeugen kann. Ein süffiger Hinweis: Ein Schuß Johannisbeerwein in trockenem Weißwein gibt mundenden Aperitif.

Rezept für schwarzen Johannisbeerwein
Von 4 kg Johannisbeeren erhält man 3 l Saft.

Zugaben
5 l Wasser
3 kg Zucker
4 Tabletten Hefenährsalz
1 Hefekultur »Steinberg« oder »Aßmannshausen«
1 Schwefeltablette
20 ml Antigeliermittel

Rezept für roten und weißen Johannisbeerwein

Zugaben
6 l Wasser
2 kg Zucker
4 Tabletten Hefenährsalz
1 Hefekultur »Steinberg« oder »Aßmannshausen«
10 ml Antigeliermittel
1 Schwefeltablette

Stachelbeerwein

Im Gegensatz zu den Johannisbeeren sollen die Stachelbeeren nur hartreif, also nicht überreif geerntet werden, da sonst die Frucht zuviel Schleim enthält. Die Stachelbeere ist besonders reich an Eisen und Kalzium. Eine Mischung des Saftes ist mit Johannisbeeren (1:1) oder auch mit Himbeerzugabe (ca. 5 Prozent Himbeeren) möglich. Auch bei den Stachelbeeren tut man gut daran, sie vor dem Maischen zu entstielen und gründlich zu waschen. Der Zucker wird in der heißen Wassermenge aufgelöst, wobei auch hier die Temperatur etwa 50 Grad sein soll. Nach der Zugabe des Antigeliermittels läßt man die ganze Maische erkalten, bevor man das Hefenährsalz

und die Reinzuchthefe einrührt und dann die Ballonfüllung vornimmt. Nach gut 8 Tagen Gärung preßt man die Maische ab und beläßt dann allein den Saft im Behälter. Die Arbeitsvorgänge nach der Gärung gleichen denen der vorgenannten Früchte. Nach der Gärung stellt man den Ballon in den Keller, zieht die Hefe ab und gibt eine zerdrückte Schwefeltablette hinzu.

Rezept für Stachelbeerwein
Von 7 kg Beeren erhält man etwa 5 l Saft.

Zugaben
4 l Wasser
2–2,5 kg Zucker
4 Hefenährsalztabletten
1 Hefekultur »Steinberg« oder »Liebfrauenmilch«
1 Schwefeltablette
20 ml Antigeliermittel

Sauerkirschwein – Süßkirschwein

Wegen ihres pikanten Geschmacks sind vor allen Dingen die Sauerkirschen unter allen Kirscharten die wertvollsten. Ein Vermischen mit Süßkirschen ist jedoch allemal möglich. Auch hier beginnen die Vorbereitungen zur Weinherstellung mit dem Entstielen und Waschen der Früchte, die anschließend zerdrückt werden, was je nach Menge der vorhandenen Früchte per Hand mit einem Stampfholz geschen kann. Stehen Gerätschaften zur Zerkleinerung zur Verfügung, dann ist darauf zu achten, daß höchstens 10 Prozent der vorhandenen Kerne zerquetscht werden. Die Steine sollen also größtenteils unbeschädigt bleiben, weil sonst die Gefahr eines starken Bittermandelgeschmacks, der durch die in den Kernen sitzende Blausäure verursacht wird, entsteht und Gesundheitsschäden auftreten können. Nun werden das Antigeliermittel und der im Wasser aufgelöste Zukker zugegeben und das Ganze auf 50 Grad erhitzt. Man läßt die Maische auf 20 Grad abkühlen, gibt dann die zu Brei gedrückten Früchte sowie das Hefenährsalz und die Reinzuchthefe hinzu, füllt alles in den Ballon, steckt den Märaufsatz auf und läßt vielleicht durch die Kraft der Sommersonne den Gärprozeß beschleunigen. Nach etwa einer Woche wird die Maische aus dem Ballon genommen. Nach einem weiteren Abpressen läßt man den Saft im gründlich gereinigten Ballon weitergären. Die weitere Verarbeitung geschieht analog zu den bereits genannten Behandlungsmethoden, also Abziehen, Zugabe von Schwefeltabletten und Kaltstellen im Keller.

Rezept für Kirschwein
Von 6 kg Kirschen erhält man rund 5 l Saft.

Zugaben
4 l Wasser
1,5 kg Zucker
4 Hefenährsalztabletten
Hefekultur »Burgund«
1 Schwefeltablette
Antigeliermittel
Für Dessertwein
3 l Wasser
3 kg Zucker
4 Hefenährsalztabletten
1 Hefekultur »Portwein«

Heidelbeerwein

Das Entstielen der Heidelbeeren geschieht, pflückt man diese Frucht in den heimischen Wäldern, meist direkt an Ort und Stelle, so daß man die Beeren zu Hause nur noch leicht abspritzen und die vielleicht zwischen die Früchte gelangten Blätter beseitigen muß. Das Maischen bereitet hier keinerlei Schwierigkeiten. Antigeliermittel ist beizumischen. Der Zucker ist in warmem Wasser aufzulösen, das Ganze dann mit der Maische zu verrühren. Vor dem Einfüllen in den Gärballon sind Milchsäure, Reinzuchthefe und Hefenährsalz hinzuzugeben. Den ersten Gärabschnitt kann man auf rund 1 Woche festlegen. Ist der Saft dann von der Maische befreit, kann die Weitergärung erfolgen. Zu empfehlen ist auch bei den Heidelbeeren die Zugabe einer Schwefeltablette. Erst nach Beendigung der Gärung kann sich der Wein abklären, was bei Kellertemperaturen von 10–15 Grad am geeignetsten erscheint. Wünscht man den Heidelbeerwein süßer, als bei der ersten Weinprobe festgestellt, kann man nachzuckern.

Rezept für Heidelbeerwein
Von 10 kg Heidelbeeren erhält man ungefähr 6–7 l Saft.

Zugaben
2,5 l Wasser, 2 kg Zucker
4 Hefenährsalztabletten
30 g Milchsäure (80%)
1 Heferasse »Burgund«
10 ml Antigeliermittel
Für Dessertwein
1,5 l Wasser, 3,5 kg Zucker
15 g Milchsäure
5 Hefenährsalztabletten
1 Heferasse »Burgund«
10 ml Antigeliermittel

Der
curieus- und offenhertzige
Wein-Artzt,
Das ist:
Sicher- und unschädliche Mittel,
wie man dem Wein von der Kelter an, sorgfältig warten, wann er zu Schaden gekommen, ihm wieder helffen, und den Einheimischen in Fremde und andere Weine verwandlen könne;

Nebst einem Anhang
von etlich hundert bewährt- und nutzlich-öconomisch-physisch-magisch- und medicinischer
Kunst-Stücke,
welche einem jeden sorgfältigen Hauß-Vatter zum Nutzen zusammen getragen,
und
mit einem bequemen Register
versehen worden,
von
Einem Liebhaber der Oeconomischen Wissenschafften.

Franckfurt und Leipzig, 1753.

Himbeerwein

Wer die Himbeeren auf dem Markt kaufen muß, für den ist die Himbeerweinkelterei nicht gerade preisgünstig. Eine Maischegärung ist auch für den Himbeerwein erforderlich. Keine Mühe bereitet das Zerdrücken der sehr weichen Früchte, die man dann in das zuvor gut erwärmte vorbereitete Zuckerwasser gibt, sie damit vermischt und schließlich abkühlen läßt. Gemeinsam mit der Reinzuchthefe, dem Antigeliermittel und dem Hefenährsalz muß auch diese Grundsubstanz in den Ballon gefüllt werden. Der Märaufsatz wird aufgesteckt und nach einer rund zweiwöchigen Gärzeit preßt man nochmals die ganze Substanz ab, um den Saft für sich allein weitergären zu lassen. Zur besseren Haltbarmachung darf auch hier die Zugabe einer Schwefeltablette nicht vergessen werden.
Himbeersäfte eignen sich, wie bereits erwähnt, gut zum Verschneiden mit Johannisbeeren, wobei der Himbeerzusatz aber unter 10 Prozent betragen soll.
Umgekehrt kann man natürlich auch den Himbeerwein mit anderen Fruchtweinen verschneiden, was eine Sache des Ausprobierens nach dem eigenen Geschmack ist.

Rezept für Himbeerwein
Von 5 kg Himbeeren erhält man 3–4 l Saft.

Zugaben
5 l Wasser
3 kg Zucker
4 Hefenährsalztabletten
1 Reinzuchthefekultur
»Südwein«
1 Schwefeltablette
10 ml Antigeliermittel

Brombeerwein

Ein höchst aromatisches Getränk läßt sich aus Brombeeren herstellen. Die Brombeere zählt, als ganze Pflanze betrachtet, zu den ältesten Heilpflanzen, die schon im Altertum als Vorbeugungs- und Heilmittel bei Heiserkeit empfohlen wurden.

Mit einem Kartoffelstampfer lassen sich auch diese Wald- und Gartenfrüchte ganz einfach zerquetschen. Dem Fruchtbrei gibt man Antigeliermittel zu, dem des weiteren – nach der bereits vorher öfters genannten Manier – Zuckerwasser beigemischt werden kann; dazu natürlich auch Hefenährsalz und Reinzuchthefe. Zwischen 20 und 25 Grad sollen auch hier für die Ballongärung vorherrschen. Der Maischegärung folgt nach gut 1 Woche dann ein Abseihen und nochmals Ausquetschen der Fruchtrückstände, um so die Weingärung fortsetzen zu können. Die Süße läßt sich durch Nachzuckern auf den gewünschten Geschmack einstellen.

Rezept für Brombeerwein
Von 7 kg Beeren erhält man rund 5,5 l Saft.

Zugaben
3 l Wasser, 2 kg Zucker
4 Hefenährsalztabletten
1 Hefekultur »Burgund« oder
»Bordeaux«
10 ml Antigeliermittel
Für Dessertwein
6 l Saft, 2 l Wasser
3 kg Zucker
4 Hefenährsalztabletten
1 Hefekultur »Burgund« oder
»Bordeaux«
1 Schwefeltablette
10 ml Antigeliermittel

Holunderbeerwein

Die Heilkräfte des Holunders, als Tee aus den Blüten oder als Saft aus den schwarzen, ganz ausgereiften Beeren, galten schon immer als schlechthin die wichtigste Arznei in der Hausapotheke. Der Geschmack des Holunderweines oder auch des Holundersaftes ist allerdings nicht jedermanns Sache. Gemäß den neueren Forschungen wird die Herstellung von Holunderbeerweinen nicht gerade empfohlen, da die Holunderbeeren »Sambunigrin« enthalten, einen Stoff, der durchaus zu Übelkeit und Erbrechen führen kann, wenn man den Saft nicht über 80 Grad erhitzt.

Wer aber trotzdem auf diesen eigenartigen Geschmack des Holunderbeerweines schwört, der soll nur voll ausgereifte schwarze Beeren, natürlich ohne Stiele, verwenden. Auch hier ist ein Einmaischen der Beeren in eine Zuckerwasserlösung zu empfehlen, die, wie schon gesagt, auf 80 Grad erhitzt werden muß. Nach Abkühlung auf etwa 50 Grad soll man das Ganze mit dem Antigeliermittel verrühren. Ein guter halber Tag soll dann vergehen, bis Hefenährsalz, Reinzuchthefe und Milchsäure zugegeben und das Ganze für eine 1 Woche dauernde Gärung an einen warmen Platz gestellt werden. Anschließend preßt man die Maische nochmals aus und gibt den reinen Saft in den Ballon. Beim Nachsüßen kann man den Zucker, ca. 50 Gramm je Liter, im kalten Wein auflösen.
Rote Holunderbeeren sind zur Weinbereitung nicht geeignet. Holunderbeerweine schmecken, wenn überhaupt, erst nach mehrjähriger Lagerung.

Rezept für Holunderbeerwein
Von 5 kg Beeren erhält man gut 3 l Saft.

Zugaben
4,5 l Wasser
3 kg Zucker
30 g Milchsäure (80%)
Reinzuchthefe der Rassen »Portwein« oder »Malaga«
4 Hefenährsalztabletten
10 ml Antigeliermittel
1 Schwefeltablette

Hagebuttenwein

Gewiß, man findet sie schon sehr selten, die gute alte Hagebutte, da ja in den vergangenen Jahrzehnten immer mehr Feldraine durch Flurbereinigungsmaßnahmen verschwanden, einst beliebter Standplatz von Hagebuttensträuchern. Eine Rückkehr in Stadtnähe erlebten sie aber mit der Anpflanzung von Neuanlagen. Bei der Hagebutte handelt es sich um einen reichen Vitamin-C-Spender.

Hagebutten sollen bei der Ernte eine hochrote Farbe haben, die anzeigt, daß sie gut ausgereift sind. Stiele und Kelche sind vorsichtig abzuzupfen. Am besten werden die Hagebutten mit einem Mahlwerkzeug oder einem Fleischklopfer zerkleinert, wenn man nicht vorhat, eine zu große Masse anzusetzen. Anschließend werden sie mit heißem Wasser übergossen. 1 Tag lang läßt man diese Masse zum Aufquellen stehen, ehe man sie abpreßt. Hat sich die Fruchtmasse so richtig mit Zuckerwasser vollgesogen, das zuvor erhitzt wurde, ist die Zugabe von Reinzuchthefe, Milchsäure und Hefenährsalz zu empfehlen. Die

Maischenpressung kann nach zwei Wochen erfolgen, bevor man dann die Saftgärung weiter im Auge behält. Ein gelegentliches Rütteln oder auch auf den Kopf Stellen des gesamten Gärballons, wobei man natürlich darauf achten muß, daß zuvor das Gärglas beseitigt wird, kann nicht schaden, um die Gärung permanent in Gang zu halten. Rührt sich im Gärglas nichts mehr, was anzeigt, daß der Gärprozeß zu Ende ist, sollen die verbleibenden Trubstoffe abgesogen und der verbleibende Wein mit 1 Gramm Kaliumpyrosulfit geschwefelt werden. Anzumerken ist noch zum vorhergehenden Arbeitsgang, daß die Hagebutten nur grob zerkleinert und beim ersten Abziehen nach etwa 2 Wochen nicht alle Trubstoffe ausgeseiht werden, weil diese kleinen Teilchen ja der Gärung nur förderlich sein können. Mit Ende des gesamten Gärprozesses kann etwa nach 4 Monaten, in ganz günstigen Fällen auch ein paar Tage früher, gerechnet werden. Eine Schönung des fertigen Hagebuttenweines ist in allen Fällen zu empfehlen, was mit dem Mittel »Agar-Agar« geschehen kann, das die beste Entflockung garantiert. Es sollen etwa 0,5 g Agar-Agar auf 10 Liter zugesetzt werden. Das Agar-Agar ist pro Gramm in rund 100 Milliliter Wasser aufzulösen.

Rezept für Hagebuttenwein
3 kg Hagebutten genügen.

Zugaben
7 l Wasser, 3 kg Zucker
40 g Milchsäure (80%)
4 Hefenährsalztabletten
10 ml Antigeliermittel
1 Hefekultur »Malaga« oder »Sherry«
1–2 Schwefeltabletten

Quittenwein

Selten angeboten, in der Verarbeitung sehr mühsam, aber vom Aroma ausgesprochen gut sind Quitten als Grundsubstanz für die Zubereitung von Dessertweinen. Quittensaft kann auch gut mit säurearmen Äpfeln zur Verwendung kommen. Vor der Verarbeitung sollen die Quitten gute 10 Tage zum Nachreifen gelagert werden. Das Fruchtfleisch ist fein zu vermahlen, damit der Saft frei wird, was nur mit Pressen bzw. Mühlen geschehen kann. Eine Verbindung ist auch mit Birnenweinen möglich, denen es selbst an Gerbsäure fehlt. Ihr Anteil soll aber dann nur, im Saftverhältnis gesehen, rund 20 Prozent sein.

Rezept für Quittenwein
Von 10 kg Quitten erhält man rund 4 l Fruchtsaft.

Zugaben
3 l Wasser
3 kg Zucker
4 Hefenährsalztabletten
30 g Milchsäure (80%)
1 Hefekultur »Portwein« oder »Sherry«

Mirabellenwein

Bei der Verarbeitung von Mirabellen zu Fruchtwein ist zu beachten, daß der Fruchtkern nicht zerschlagen wird. Nachdem das Zuckerwasser erhitzt ist, geht man dazu über, der gesamten Maische das Antigeliermittel, das Hefenährsalz und die Milchsäure, nach Abkühlung auf etwa 20 Grad auch noch die Reinzuchthefe zuzusetzen. Auch hier ist für die Vorgärung im Maischezustand ein Zeitraum von 8–10 Tagen erforderlich, um dann das Ganze sorgfältig abtropfen zu lassen und schließlich auszupressen. Der verbleibende Saft gärt bei Temperaturen von 20 bis 30 Grad weiter. Zur Gärung ist es notwendig, Schönungsmittel zuzugeben.

Rezept für Mirabellenwein
Von 9 kg Mirabellen erhält man rund 6 l Saft.

Zugaben
4 l Wasser, 1 kg Zucker
30 g Milchsäure
20 ml Antigeliermittel
4 Tabletten Hefenährsalz
Reinzuchthefe »Portwein« oder »Burgunder«

Schlehenwein

Ist der Spätherbst ins Land gezogen, deckt der erste Reif die Gräser, und hat der Nachtfrost die Schlehen an den stacheligen Sträuchern runzelig gemacht, dann ist es Zeit für die wohl letzte Ernte im Jahr. Leicht gewaschen werden die gut ausgereiften Früchte zerquetscht, wobei auch hier, wie bei den Kirschen, darauf zu achten ist, daß die Kerne ganz bleiben. Schlehen eignen sich bestens zur Herstellung von likörartigen Getränken, die überaus gut munden. Es empfiehlt sich auch hier, eine heiße Wasser-Zuckerlösung herzustellen, abkühlen zu lassen und dann der Maische beizumengen, wobei auch das Hefenährsalz, die Reinzuchthefe und das Antigeliermittel zugefügt werden. Erfahrungsgemäß entwickelt gerade der Schlehenwein eine sehr intensive Gärung, was einen großen Stauraum von gut 50 Prozent erfordert. Die Gärung selbst kann man noch zu-

sätzlich beeinflussen, indem man ab und zu den Ballon rüttelt und so die zu Boden gegangenen Gärungsanreize in neue Wallung bringt. Gut 3 Wochen soll man bei gut warmer Zimmertemperatur die Maischegärung beobachten. Keinesfalls soll man den Ballon zum Gären in den Keller stellen, weil hier der Reifeprozeß nur schwierig in Gang kommt. Einige Fruchtweinhersteller geben der Maische auch noch zermahlene Zimtstangen und einige Gewürznelken bei, um einen besonders würzigen Geschmack zu erzielen. Nach der Maischegärung wird die Rohsubstanz abgepreßt und mit Wasser aufgefüllt, so daß auf alle Fälle 10 Liter Gärsaft in den Ballon eingefüllt werden können. Auch die Nachgärung richtet sich nach der Temperatur und beansprucht auf alle Fälle gute 2 Monate. Hört das Blubbern am Gärglas endgültig auf, kann man den Wein dann in den Keller stellen, wo er sich von selbst klärt. Eine Nachzuckerung ist möglich, wobei 20–40 Gramm pro Liter in Frage kommen. Eine Schwefelung verhindert das Braunwerden.
Fällt die Gärung nicht zur Zufriedenheit aus, so kann man ihr mit etwas Gelatine (1–2 Gramm pro 10 Liter) und 10–20 Milliliter Kieselöl (15prozentig) nachhelfen.

Rezept für Schlehenwein
(Dessertwein)
Von 6 kg Schlehen erhält man 3 l Saft.

Zugaben
6 l Wasser, 3 kg Zucker
5 Hefenährsalztabletten
1 Hefekultur »Burgund« oder »Portwein«
20 ml Antigeliermittel
1–2 Schwefeltabletten

Ebereschenwein

Mit einem strahlenden Rot leuchten sie uns bereits im Spätsommer und frühen Herbst entgegen, die Früchte des Ebereschenbaumes. In vielen Mittelgebirgsgegenden wächst er wild. Niemand reißt sich um seine Früchte, außer wohl den Vögeln. Doch einstmals spielte er als Obstbaum, als es noch nicht so viele Apfel- und Birnbäume gab, eine wichtige Rolle. Die kleinen Früchte des Ebereschenbaumes sind sehr säure- und gerbstoffhaltig. Ihr Geschmack gilt als überaus herb. Deshalb wird Wein aus Ebereschenfrüchten alleine nur selten vergoren, obwohl sich auch hier ein Alkohol von 7 Volumenprozent erzielen läßt.
Zu empfehlen ist eine Saftmischung aus Äpfeln und Ebereschen. Das richtige Mischungsverhältnis läßt sich als genaues Rezept nicht empfehlen. Es kann nur dazu geraten werden, mit einem Mischungsversuch mit 50:50 Prozent zu beginnen, d. h. die Hälfte Äpfel, die Hälfte Ebereschenfrüchte. Doch auch eine Mischung aus ⅔ Äpfeln und ⅓ »Speierlingen«, wie diese Früchte auch genannt werden, kann den persönlichen Geschmack gut treffen. »Speierlinge« verleihen dem Apfelwein eine schön goldgelbe Farbe, was auch heißt, daß der Wein ohne Schönungsmittel sich frühzeitig klärt. Kein Wunder also, daß es in jenen Zeiten, da man noch keine Schönungsmittel kaufen konnte, die Apfel-Speierling-Mischung als Garantie für einen klaren Apfelwein gab.

Apfelzider
(Apfeldessertwein)

In Süddeutschland, im benachbarten Österreich, vor allem in Ober- und Niederösterreich, und auch in der Schweiz behauptet man mit Stolz, das Kernland des Apfel- und Birnenmostes zu sein. Doch versteht man sich im Norden Deutschlands und auch, das wird jeder erfahren, der einmal in der Bretagne war, in Frankreich vor allem auf die Zubereitung von Apfeldessertwein, der den normalen Apfeltischwein hinsichtlich des Alkoholgehalts um viele Grade übertrifft. Man begnügt sich also in diesen Regionen nicht mit den üblichen 5–7 Volumenprozent, sondern zielt mit Hilfe eines Veredelungsprinzips auf 13–18 Volumenprozent hin, was durch die starke Aufzuckerung auf 120–130 Öchslegrade möglich wird.
Um die Gärung erfolgreich vonstatten gehen zu lassen, muß hochgärige Reinzuchthefe dem Saft beigegeben werden. Als Faustregel für das Mischungsverhältnis – nachstehend für eine Menge von 10 Litern gemessen – empfiehlt es sich, bei einer Saftmenge von 9 Litern 1,5–2 Kilogramm Zucker, 2 Hefenährsalztabletten und Reinzuchthefe der Rassen »Malaga« oder »Sherry« hinzuzugeben. Die Bereitung von Apfelzider erfordert eine Gärung in warmen Räumen von mindestens 15 Grad. Treten Stockungen im Gärprozeß auf, so stellt man den Gärballon in einen noch wärmeren Raum von über 20 Grad, rührt die Hefe nochmals kräftig auf und gibt vielleicht nochmals Hefenährsalz (2 Gramm pro 10 Liter) hinzu. Die Gärzeit selbst kann sich über einige Monate hinziehen, wobei man aber gerade den Apfelziderballon nicht

Weine und Kunstweine.

Im Deutschen Reich ist nur die Weinkelterung, d. h. das Vergärenlassen von Frucht- und Traubensaft zu Frucht- und Traubenwein gesetzlich erlaubt, nicht die Bereitung von Kunstweinen, welche Mischungen von Wasser, Zucker, Säuren, Spiritus, Farbe und Aromastoffen sind und meistens ohne Vergärenlassen hergestellt werden.

Andere Länder sind duldsamer, aus ihnen erhalten wir oft Weine, die mehr oder minder auf künstlichem Wege hergestellt wurden, freilich dürfen diese „Weine", d. h., sofern ein deutscher Chemiker die Kunst erkennen und nachweisen kann, nicht in Deutschland verkauft werden. Doch — die Chemie aller Länder hat große Fortschritte gemacht und schreitet täglich fort! Ein schlechter Wein-„Fabrikant" wäre es, der seinen „Wein" nicht analysenfest herstellen würde. Wie so mancher Weintrinker mag schon Weine, die nach deutschen Begriffen Kunstweine sind, getrunken und — gelobt haben!

aus dem Auge verlieren sollte. Die Gärung ist immer wieder zu überprüfen, der Ballon zu schütteln, der Inhalt zu prüfen. Eine Nachzuckerung kann erfolgen, indem man bis zu 50 Gramm Zucker pro Liter zusetzt. Einen ganz klaren Apfelzider erhält man, falls von Natur aus nicht gegeben, bei der Zusetzung von 2 Gramm Gelatine und 10 Milliliter Kieselöl (15prozentig). Es besteht auch die Möglichkeit, falls man sehr süßen Apfelwein wünscht, aus dem vorhandenen Tischweinkontingent einen kleinen Ballon abzuzapfen und diesen nochmals auf den gewünschten Dessertwein-Alkoholgehalt aufzuzuckern (siehe Trockenverbesserung, Seite 48).

Traubenwein

Wein aus lesefrischen Trauben herstellen, das heißt: dem klassischen Weingenuß frönen. Am besten natürlich, wenn man die Trauben von eigenen Rebstöcken nehmen kann, denn Tafeltrauben eignen sich wegen des zu niedrigen Säure- und Zuckergehalts nur bedingt für die Weingewinnung. Bei einer vollen Reife kann man bei Rebsorten wie Traminer, Kerner, Müller-Thurgau, Morio-Muskat, Huxelrebe, Weißer Burgunder, Weißer Gutedel, Bacchus, Riesling gleich auf Anhieb einen Saft mit den erforderlichen 80 Grad Öchsle erzielen, was bedeutet, daß man nicht aufzuckern muß. Liegen die Öchslegrade unter dieser Marke, so empfiehlt sich eine Zuckerzugabe, so wie im Kapitel der Naß- und Trockenverbesserung behandelt.
Bei der Vorbehandlung ist darauf zu achten, daß die von Schimmel befallenen oder schon überfäuligen Trauben nicht in das Mostgut kommen, während Edelfäule in keiner Weise schadet. Sind viele solche Trauben darunter, sollte man allerdings ein wenig Kaliumpyrosulfit (1 Gramm pro 10 Liter reicht vollkommen aus) zugeben. Gut gewaschen und abgetropft kann das Auspressen mit Korbpressen, bei kleineren Mengen reicht das Zerstampfen, beginnen, wobei die holzigen Stengel nicht unbedingt aussortiert werden müssen. Zugabe von Antigeliermittel, Hefenährsalz oder auch Reinzuchthefe im Fläschchen ist nicht unbedingt vonnöten, da gerade bei Traubensäften die Selbstgärung keinerlei Schwierigkeiten verursacht.
Bei einer Kellertemperatur von gut 10 Grad wird man schon innerhalb kurzer Zeit eine stürmische Gärung feststellen, so daß bereits ab der 3. Woche, spätestens jedoch nach 4 Wochen der erste Hefeabzug erfolgen und der Jungwein weiterreifen kann. Der zweite Abstrich sollte jedoch erst nach etwa 2–3 Monaten erfolgen. Zur besseren Haltbarkeit empfiehlt es sich, den Wein nach dem jeweilig erfolgten Abzug der Hefe in Maßen (1 Gramm pro 10 Liter) mit Kaliumpyrosulfit zu schwefeln. Trübungen können durch Zugaben von 10 Milliliter Kieselöl beseitigt werden.

Rezept für Traubenwein
Von 12 bis 14 kg Trauben erhält man ca. 10 l Saft.

Zugaben
1 g Kaliumpyrosulfit
10 ml Antigeliermittel
eventuell Zucker zum Aufbessern der Süße (siehe Kapitel »Aufzuckerung«)
Hefenährsalztabletten und Reinzuchthefe sind nicht unbedingt erforderlich.

Liköre

Likör aus grünen Walnüssen

Bei Fruchtweinherstellern als überaus mundende Spezialität gilt Likörwein aus frischen, noch unreifen Walnüssen. Es gibt ihn, industriell hergestellt, nur selten oder fast gar nicht zu kaufen, zumal Walnüsse als besonders kostbar gelten und man daher lieber bis zur endgültigen Reife im Spätherbst wartet. In einem guten Nußjahr kann man es aber durchaus übers Herz bringen, ein paar der grünen Nüsse schon vorzeitig zu pflücken, um sich eine Spezialität zu gönnen. Mit ihr kann man guten Freunden eine Freude bereiten und eventuell sogar aus Schaden Nutzen ziehen, wenn nämlich ein heftiger Gewittersturm im Sommer die Walnußbäume zerzaust und dabei die halbreifen Nüsse dutzendweise zu Boden knallen.

Die Zubereitung geschieht auf eine recht einfache Weise. Man zerschneidet die Früchte mit einem scharfen Messer in dünne Scheiben oder hackt sie ein bißchen und füllt sie dann in den Gärballon. Ein Patentrezept über die richtige Mischung von Zuckerwasser und Nüssen gibt es eigentlich nicht. Als Faustregel kann aber gelten, daß man 15 in Scheiben geschnittenen Nüssen ungefähr 1 Liter Wasser und 500 Gramm Zucker beimischt. Darin sollten ungefähr 4 Gramm Zitronensäure aufgelöst werden und eine möglichst hochgärige Heferasse. Zu empfehlen ist die »Sherry«-Heferasse, die das Nußaroma gut unterstreicht und dem Ganzen ein äußerst interessantes »Südweinbouquet« verleiht. Die Gärung verläuft nicht so schnell und stürmisch, wie man es bei Beerenweinen gewohnt ist. Das Fruchtkonzentrat bzw. die zerhackten Früchte bleiben so lange im Gärballon, bis die Gärung aufhört. Möglich ist ein Wattebauschverschluß, der eine gute Luftzufuhr ermöglicht, allerdings stellt sich dabei bald eine dunkelgelbe bis braune Farbe ein.

Ebereschenlikör

Reif und Frost können sie schon überrascht haben, die Früchte der Eberesche, wenn man vorhat, daraus einen Likör zuzubereiten. Kälte macht sie weich. Von den Blättern und Stielen befreit, gibt man 500 Gramm Ebereschenfrüchte in einen kleinen Ballon, gießt darüber ½ Liter 98-prozentigen Alkohol und läßt das Ganze über 1 Monat lang an einem warmen Ort in der Nähe des Ofens oder, scheint auch in sonnenarmer Zeit die Sonne noch warm, an einem Fensterplatz stehen. Dem im Anschluß daran gefilterten Saft ist eine Lösung aus 200 Gramm Zucker und ¼ Liter Wasser beizugeben. Eine Geschmacksverbesserung kann man mit einem Päckchen Vanillinzucker, das unter die Masse gerührt wird, erreichen. Ist das Ganze durchgezogen, kann man den Ebereschenlikör in Flaschen abfüllen. Er eignet sich durchaus für eine lange Lagerung.

Ein zweifach schönes Hobby: Sammeln schöner Mostkrüge und Ausschenken von Most aus irdenen Krügen.

Hagebuttenlikör

Auch hier schaden Reif und Frost nicht, sie machen sie reif, die Früchte der Hagebutte. Man soll sie von den Stielen befreien, zerkleinern und samt ihren Kernen in ein großes Einmachglas schütten. Auch hier sind 500 Gramm Hagebutten mit ½ Liter 98-prozentigem Alkohol zu versetzen. Ähnlich wie beim Ebereschenlikör ist die Anreicherungsdauer auf gute 4 Wochen zu bemessen. Der gewonnene und anschließend gefilterte Saft wird mit einer Lösung aus 200 Gramm Zucker und ¼ Liter Wasser unter Beigabe von 1 Päckchen Vanillinzucker vermengt.

Heidelbeerlikör

Auch Heidelbeerlikör kann sich aufgrund seines wohlmundenden Geschmacks sehen lassen. Auch hier lohnt es sich, es einmal mit 500 Gramm frisch gepflückten Beeren zu versuchen, die zerdrückt und mit 500 Gramm Zucker vermengt und verrührt werden. Zugesetzt werden etwas Zimtrinde und eine Orangenschale. Alles zusammen gibt man in ein Glasgefäß und gießt 1 Liter Alkohol (98prozentig) darüber. Am besten läßt sich die Verwandlung in Likör bei Sonneneinstrahlung oder in Ofennähe erzielen. 3–4 Wochen reichen, bis diese Rohsubstanz nach einer feinsäuberlichen Durchsiebung in Flaschen gefüllt werden kann. Doch in diesem Stadium ist noch nicht die endgültige Reife erzielt,

Das ganze Jahr hindurch ein gesunder Spaß: das Entsaften von Obst und Gemüse.

sondern es ist dazu zu raten, erst nach mehreren Monaten an den eigenen Heidelbeerlikör heranzugehen.

Schlehenlikör

Gut reif müssen sie sein, die Schlehen. Man soll sie erst nach dem zweiten Frost von den stacheligen Sträuchern zupfen, halbieren und so in eine große Flasche geben. Bei einer Menge von 500 Gramm Schlehen ist das Versetzen mit ½–¾ Liter 96-prozentigem Alkohol erforderlich, um einen guten Likör zu gewinnen. Schlehen müssen sich in diesem Konzentrat 6–8 Wochen erwärmen, wobei ein öfteres Schütteln zu empfehlen ist. Zur Geschmacksverbesserung des gefilterten Likörs empfiehlt es sich, eine besonders hohe Dosis Zucker, etwa 750 Gramm in Wasser aufgelöst, beizugeben. Geschmacksverbesserungen lassen sich nicht nur durch Vanillinzucker, sondern auch durch Zimtrinde und Muskatnuß erzielen. Eine lange Lagerung hebt die Qualität.

Wildkirschlikör

Um einen Wildkirschlikör zuzubereiten, müssen die Kerne nicht unbedingt entfernt werden. Kräftig gestampft wird die gewonnene Masse mit gleich viel Zucker, z. B. 1 kg Kirschen und 1 kg Zucker, in einen kleinen Ballon gefüllt und das Ganze mit 1 Liter Weinbrand übergossen. 1 Monat lang an der Sonne stehend oder in die Nähe eines Ofens gerückt, läßt den Wildkirschlikör »reifen«. Vor der Flaschenfüllung ist natürlich ein sorgfältiges Absieben erforderlich.

Sekt aus eigener Herstellung

Wer ein prickelndes Getränk schätzt, wie z. B. Sekt, der kann sich ebenfalls der Eigenproduktion bedienen. Die Herstellung ist nicht viel schwieriger als bei Fruchtweinen allgemein. Die Schaumweinbereitung stellt vielmehr eine Veredelung von Weinen dar. Es eignen sich dazu nicht nur sog. Tischweine, d. h. Fruchtweine mit nicht allzu hohem Alkoholgehalt aus Trauben, sondern gleichermaßen auch Äpfel und Beeren. Der Saft muß aber bereits den Gärprozeß hinter sich haben, also vollkommen geklärt sein, um für die Sektgewinnung zur Verwendung kommen zu können.

Erste Vorbereitung sind die Bereitstellung eines ausgegorenen Apfel- oder Traubenweines und die Reinigung von gesammelten dickwandigen Sektflaschen. Auch die Verschlüsse müssen bereitgelegt sein. Falls nicht vorrätig, kann man in Haushaltswarengeschäften Sektkorken aus Polyäthylen besorgen.

Wie ist vorzugehen?

Für die Herstellung von 10 Liter Schaumwein zieht man von einem vorhandenen Apfelweinbestand, 7,5 Liter ab und mischt dazu, je nachdem, ob man einen süßen oder trockenen Sekt wünscht, zwischen 150 und 350 Gramm Zucker, der im Wein verrührt wird und aufgelöst sein muß. Der so verbesserte Wein wird in die bereitstehenden Sektflaschen gefüllt. Zuvor, und das darf nicht vergessen werden, sollte dem Gemisch aus Wein und Zucker noch eine Reinzuchthefe von der Rasse »Champagner« zugegeben werden. Dann werden die Flaschen verkorkt und mit dem Flaschenhals nach unten aufgestellt. Die Temperatur sollte bei diesem erneuten Gärprozeß zwischen 15 und 20 Grad gehalten werden. Der Sekt trübt sich während dieser Vermehrung der Hefezellen leicht ein. Während dieses Prozesses geht man wie in Champagner-Kellereien vor: Die Flaschen werden von Zeit zu Zeit gedreht, um den Heferückstand immer mehr nach unten zur Flaschenmündung hin zu bringen. Nach etwa 14 Tagen müssen die Flaschen kühl gestellt werden, wobei jedoch die Gärung sich weiter entwickelt. Es gibt keine exakte Terminierung, wann die Gärzeit zu Ende ist. Dies richtet sich weitgehend nach den Temperaturen und der Vermehrung der Hefezellen und somit nach der Umwandlung von Zucker in Alkohol. Da die Flaschen fest verschlossen sind, entsteht durch die Gärung ein hoher Druck von etwa 5–6 atü, den die Flaschen aber gut aushalten, denn sie sind ungefähr auf 12 atü ausgerichtet. Damit der Druck den Korken nicht austreibt, ist zu empfehlen, diesen mit einem Drahtbügel, wie man es bei normalen Sektflaschen gewohnt ist, zu sichern. Die günstigste Kellertemperatur für die Sektherstellung liegt bei 10 Grad. 2 Grad nach unten oder nach oben gefährden das Ergebnis aber keinesfalls. Spätestens in 5 Monaten soll der Sekt geklärt sein. Bis dahin, soweit bislang noch nicht geschehen, sollte der Hefetrub ähnlich einem dichten Pfropfen direkt über dem Korken sitzen. Hat man nicht vor, die eine oder andere Flasche gleich zu verkosten, wobei es sich empfiehlt, die Sektflaschen auf minus 2 Grad abzukühlen, ist auf alle Fälle ein Abzug des Gärschlammes erforderlich. Das ist nicht ganz einfach und erfordert schon etwas Geschick, da der Korken entfernt und der Hefetrub abgezogen werden muß. Man nimmt also die Flasche sehr vorsichtig, um jegliches Schütteln zu vermeiden, in die Hand, mit dem Flaschenhals nach unten. Man zieht den Korken kurz heraus, damit die Hefe herausschießt, schließt aber die Flasche dann sofort wieder ab. Der Inhalt, der dabei verloren geht, ist mit einer Zugabe von etwas Likör, mit dem man auch die Geschmacksrichtung beeinflussen kann, zu ergänzen.

Ein bewährtes Hilfsmittel kann man sich zunutze machen, wenn man in einen Topf Eis und Kochsalz in etwa gleicher Menge gibt und dazu kaltes Wasser. Darin sollen die noch mit dem Hefetrubpfropfen belasteten Sektflaschen mit dem Flaschenhals nach unten getaucht werden, und zwar nur so weit, wie es der Hefepropfen anzeigt, der durch diese Behandlung leicht gefriert, so daß man beim Entkorken nicht Gefahr läuft, daß dieser Hefetrub aufgewirbelt wird. Wenn man die Flasche entkorkt, wird der Pfropfen durch den Innendruck der Flasche herausgedrückt.

Hat man so den Sekt von der Trübung befreit, ist die Gewähr gegeben, daß man diesen selbstgemachten Schaumwein ziemlich lange lagern kann und dadurch sogar in den Genuß der ständigen Verbesserung kommt. Wer sich aber die Arbeit der Entpfropfung ersparen will, auch für den ist der Sekt nicht verloren, denn bei der stehenden Lagerung der selbstbereiteten Schaumweine setzt sich der Trub später am Flaschenboden ab. Man muß allerdings dann beim Servieren darauf achten, daß der Sekt zum einen sehr kühl ist und daß zum anderen ein unnötiges Schütteln und damit Aufwirbeln der Trubteilchen vermieden wird.

Holunder-»Sekt«

Da bekanntlich Probieren über Studieren geht, hier das Rezept für einen besonderen »Sekt« bzw. Schaumwein, nämlich den aus Holunderblüten.

Man nehme 8–10 Dolden Holunderblüten, dazu 1 Tasse Essig, 1½–2 Kilogramm Zucker, 2 Zitronen und an die 15 Liter Wasser. Die Zitronen müssen in Scheiben geschnitten und so dem Zucker-Essigwasser zugegeben werden, das Ganze natürlich gut verrührt. Zuvor muß man sich einen entsprechend großen Ballon, säuberlich gewaschen, hergerichtet haben, um die gewonnenen Zutaten mit dem Trichter einzufüllen. Danach werden die Holunderblüten zugegeben, wobei es natürlich Voraussetzung ist, daß diese im Höchststadium ihrer Blüte stehen. Den Gärballon stellt man etwa 14 Tage bis 3 Wochen lang in die Sonne. Ist alles gut in Wallung geraten, kommt der Sekt zur Filterung; man seiht ihn am besten durch ein Tuch. Zur Flaschengärung gibt man ihn dann in dickwandige Flaschen. Hat man Sektflaschen zur Hand, dann braucht man sich darüber keine Sorgen zu machen, daß der Druck der Gärung die Flasche zum Bersten bringt. Gut sitzen müssen die Korken, die darüber hinaus mit einer Schnur oder mit einem entsprechenden Bügel, die es in Eisenwarenhandlungen zu kaufen gibt, gesichert werden müssen. Die Flaschen sollen in einem kühlen Keller trocken gelagert werden.

Cap. II.
Vom Weine, wie solcher tractirt und probiret wird.

§. 1. Weine süsse zu machen bey der Presse.

Wann der Most in der Gähre ist, und noch warm, so giesset das erste von der Kelter oder Trete, von Most darein, thut nach eurem Bedencken Weinstein darzu, und lasset das unter einander gähren, wenn sichs gesetzet, so thuts wieder bis zum vierten mahl, lasset das Faß nicht übergähren, so wird der Wein gut und starck, auch darzu süsse.

Item:

Zustosse Beyfuß, weil er noch grün ist, und hänge ihn in den Most, bis er zu Weine wird, so gewinnet er einen guten Geschmack.

Item:

Sammle die schönste Trauben, und laß selbe alle von dem Stengel abstreiffen, thue solche in ein eigen Gefässe, damit nichts unreines darzu komme, lasse diese abgestreiffte Beeren fein sauber tretten, nehm diesen getretenen Most, und thue ihn in ein mit Einschlage præparirtes Fässelein, und thue damit, wie im ersten Capitel gemeldet worden, willt du ihn aber vergehren lassen, so hänge zerschnittene= und an einem Faden zusammen geriegene Borgstörffer= Aepffel darein, und laß ihn solchergestalt gelinde vergehren, du must ihn aber nicht lassen übergehren, und wenn die Aepffel krafftloß, müssen andere darein gehangen werden, bis er gantz vergohren, nachdem er nun vergehren, und et=

was noch warm ist, so nehm hernach etwas Galgant, zwey Loth Zucker, ein Loth Zimmet-Rinde, ein Loth Muscaten-Blumen, zerstoffe es etwas gröblich in einem Mörsel, nehm hernach ein Säcklein, und thue die zerstoffene Materien hinein, und lasse es in einem verglasurten Topffe von obigem Weine wohl kochen, hernach kalt werden, und in das Faß Wein gethan, und das Säcklein mit den Materien zugleich darein gehangen, und feste zugespündet, über drey Tage kan man das Säcklein einmal in das Faß austrucken, und gleich wieder hinein hängen, den Wein wieder feste zuspünden, und liegen lassen, es wird ein delicater und gesunder Wein, ist offt probiret.

§. 2. Zu erkennen, ob Wasser im Weine sey.

Nehm Oehl, mache es in einer Pfanne heiß, und gieß des Weins darein, ist Wasser darinnen, so spritzet, krachet und wiederbläset sich das Fett, ist aber kein Wasser darinnen, thut es nicht also.

Item:
Wer den Wein wohl prüfen will, ob Wasser darinnen sey, so nehme er ein Rohr oder sonst ein schlecht Holtz, schmiere das wohl mit Oehl, wische hernach das Oehl wieder ab, stoß das Holtz in den Wein, ziehe es wieder heraus, hänge es auf, hat es Wasser-Tropffen, so ist es ein Zeichen, daß Wasser im Weine sey.

Item:
Nehmet Wachholder-Beeren, thut sie in den Wein, schwimmen sie empor, so ist er recht, fallen sie aber zu Boden, so ist Wasser im Weine.

Item:
Legt ein Ey in den Wein, schwimmet es empor, so ist der Wein ohne Wasser, fällt es aber zu Boden, so ist der Wein verfälscht.

Item:
Thue eine Wein-Beere in den Wein, schwimmet sie oben empor, so ist der Wein ohne Wasser, fället sie aber zu Boden, so ist der Wein mit Wasser vermischet.

Item:
Nehmet dergleichen Wein in einen neuen Topff, vermachet ihn wohl, und laßt ihn drey Tage an der Lufft stehen, ist der Wein mit Wasser vermischet, so trieft das Wasser davon des Windes halber.

Item:
Mit den Bohnen ists so beschaffen, schwimmen sie oben im Wein, so ist Wasser drunter, wo nicht, so ist er lauter.

§. 3. Das Wasser aus dem Wein zu ziehen.

Man nehme die grosse Binsem, und schäle den Kern heraus, und lasse ihn trucken werden, und lege sie in den Wein, so ziehen sie das Wasser in sich, und scheiden den Wein von dem Wasser.

Item:
Wann in der Weinlese oder Herbst Regen-Wetter einfället, und der Most viel Wasser bekommet, kan es also geschieden werden: Thue den Wein nach der ersten Vergährung in ein ander Faß, so bleibet das Wässerichte, wegen seiner Schwere und Grobheit, am Boden liegen.

Item:

Wenn im Herbst Wasser in Wein kommt, thue ihm also: Wenn der Most lieget, und jetzund gähren will, laß ihn zwey quer Hände hoch ab, in ein ander Faß, so setzet sich das Wasser unten auf den Boden, um seiner Schwehre willen.

Item:

Nehmet Gieps, und zerreibet den klein, rühret ihn in das Faß, so ziehet der Gieps die Trübigkeit und üblen Geschmack mit an den Boden, und wird der Wein lauter und schön. Probatum.

§. 4. Den Wein gährend zu machen.

Wollt ihr Wein gährend machen, so nehmet 3. oder 4. saure Aepffel, schneidet sie darein, und solches so lange, bis er gährend wird, alsdann wird der Wein frisch und gut.

Item:

Nehm ein Hand voll Erden, darinnen der Wein gewachsen, wirff sie in das Faß, so wird der Wein von Stund an gährend, und sehr köstlich. Probatum.

§. 5. Dem Wein das Gähren zu verwehren.

Wollt ihr dem Wein das Gähren wehren, es sey auf dem Lager, oder wenn das Faß geführet wird, werffet ein wenig Käse in das Faß. Probatum.

Alkoholfreie Fruchtsäfte

Praktisch und preisgünstig: die Saftgewinnung mit dem Dampfentsafter.

Dem Trend der Zeit folgend, nicht nur gesund zu essen, sondern auch Gesundes zu trinken, hat der Griff zur Mineral- und Tafelwasserflasche, zum Fruchtsaftgetränk, zu Limonaden und zum Nektar, was die Steigerungsquote betrifft, dem Bier als Volksgetränk den Rang abgelaufen. So wurden im Jahre 1981 in der Bundesrepublik pro Person 146 Liter dieser alkoholfreien Getränke verkonsumiert.

Hinter der Begriffsbestimmung »Fruchtsäfte« verbergen sich recht unterschiedliche Getränke. Einer der Oberbegriffe heißt *Obstsüßmost*. Diese Getränke sind zum unmittelbaren Genuß bestimmt, praktisch alkoholfrei, durch Pressen von frischem Obst mit oder ohne nachfolgende Filtration (Entkeimung), Pasteurisation und übliche Kellerbehandlung hergestellt. In einigen Fällen enthalten sie auch einen Zusatz von Zucker und Wasser.

Obstsüßmost ist aber nicht gleich *Fruchtsaft*. Wird zum Beispiel im Handel ein Getränk unter Fruchtsaft angeboten, so darf dieser nicht durch Wasser oder Zuckerzugaben verwässert sein. Säfte sind zu hundert Prozent flüssiges Obst ohne zusätzliches Wasser, ohne Farb- und Konservierungsstoffe. Die Haltbarmachung geschieht durch Kurzzeiterhitzung auf etwa 80 Grad. Die Bezeichnung »naturrein« setzt voraus, daß der Fruchtsaft nicht durch Rückverdünnung aus einem Konzentrat hergestellt wurde.

Oft wird der *Nektar* fälschlicherweise dem Fruchtsaft vorgezogen, obwohl hier der Fruchtsaftanteil nur zwischen 25 und 50 Prozent beträgt. Zu diesen 25 bis 50 Prozent an naturreinem Fruchtsaft können Wasser und Zucker hinzugegeben werden, bei der gewerblichen Herstellung sind bis zu 200 Gramm Zucker pro Liter zugelassen. Im Regelfall werden es aber meistens nur 80–100 Gramm sein.

Noch mehr sinkt der reine Fruchtsaftanteil bei den im Handel angebotenen *Fruchtsaftgetränken* ab. In diesen Flaschen sind dann nur noch 6–30 Prozent echten Fruchtsafts enthalten. Es handelt sich hier also praktisch um verdünnte Nektare.

Saft ist also nicht gleich Saft. Reine Fruchtsäfte sind, da es sich hierbei um flüssiges Obst handelt, wertvolle Vitamin- und Mineralstoffträger, denn sie enthalten zum Beispiel viel Kalium und Vitamine, vor allem aber Vitamin C. So kann schon ¼ Liter Orangensaft, um nur ein Beispiel zu nennen, den Tagesbedarf eines Erwachsenen an Vitamin C decken. Nicht vergessen werden darf, daß Fruchtsäfte sehr kalorienreich sein können, da im Rohstoff Obst ein beträchtlicher Gehalt an energiereichem Fruchtzucker versteckt ist. Ein ca. 100 Gramm schwerer Apfel weist allein einen Zuckergehalt von 12 Gramm auf, umgerechnet also 4 Stück Würfelzucker bzw. 48 Kilokalorien (202 Kilojoule). Trinkt man ein normales Glas Apfelsaft, so verzehrt man damit rund 100 Kilokalorien (420 Kilojoule), bei Traubensäften sogar 130 Kilokalorien (546 Kilojoule).

Das Warentest-Institut in Berlin rät deshalb zu folgendem Umgang mit diesen vitaminreichen Getränken: Wer Fruchtsaft nicht als Genußmittel, sondern als Durstlöscher betrachtet und in der heißen Zeit vielleicht vier Gläser über den Tag verteilt trinkt, hätte auf diese Weise schnell ein Viertel bis ein Fünftel seines täglichen Kalorienbedarfs gedeckt. Stattdessen aber Nektare,

Fruchtsaftgetränke und Limonaden zu trinken, ist nicht die Lösung. Denn auch hier kommt man aufgrund der Zuckerzusätze wieder auf Werte, die bei 100 Kilokalorien pro 200 Milliliter liegen. Da sich Erfrischungsgetränke aber viel leichter wegtrinken, ist die Gefahr zur hohen Kalorienaufnahme größer. Dazu kommt, daß Vitamine und Mineralstoffe mit sinkendem Fruchtanteil auch immer weniger werden. Wer seinen Durst kalorienärmer löschen möchte, hat verschiedene Möglichkeiten. Er kann auf kalorienarme – sprich: ungesüßte oder künstlich gesüßte – Fruchtsäfte und Erfrischungsgetränke zurückgreifen und sogar auf kalorienfreie Getränke wie Mineralwasser. Oder er kann Fruchtsäfte mit Leitungswasser oder Mineralwasser mischen, sich also seinen Nektar oder seine Fruchtsaftgetränke selber herstellen, ohne gleich Zucker en masse zuzugeben.
Unbestritten ist allerdings, daß Obst und Obstsaft, in frischem und rohem Zustand verzehrt, natürlich am meisten unserer Gesundheit förderlich sind. Gehalt und Wirkungsgrad von Vitaminen und Mineralstoffen bleiben hier voll erhalten. Die Gartenfrische von Obst, Gemüse und Kräutern kann durch nichts ersetzt werden. Vom Garten frisch auf den Tisch, Früchte vom Garten frisch in den Entsafter, das fördert die Kräfte der Natur.
Und wenn der eine oder andere Saft nicht gerade wohlschmeckend ist, so kann man dem ein bißchen nachhelfen. Vor allem von Kräuter- und Gewürzsäften ist man gewohnt, daß sie nicht gerade süß schmecken. Doch die Geschmacksrichtungen lassen sich durchaus durch Zugabe anderer Gemüse-, Obst- und Beerensorten verfeinern.

Der Süßmost und seine Pioniere

Wann der Süßmost erfunden wurde, läßt sich ebensowenig mit einer Jahreszahl datieren wie etwa der Beginn der Weinkelterei. Es gibt z. B. ein Bild aus Herculaneum, das beweist, daß bereits um Christi Geburt die Saftgewinnung mittels Pressen mit Erfolg betrieben wurde. Viel schwieriger als die Haltbarmachung (mittels Gärung) von Fruchtweinen gestaltete sich die eines alkoholfreien Süßmostes. Jahrhunderte mußten hier vergehen, bis sich ein erster Fortschritt einstellte.
Appert, von Beruf Koch, der als Vater der Konservenindustrie gilt, hat bereits 1809 ganz nebenbei ein Verfahren zur Haltbarmachung von Säften aufgezeigt, das aber noch lange nicht den großen Durchbruch zur Obstsaftentkeimung brachte. Einen großen Schritt voran brachte die Sache der Franzose Louis Pasteur, der in den sechziger Jahren des vorigen Jahrhunderts unter vielem anderen auch das Prinzip zu dem Weinbehandlungsverfahren entwickelte, das wir heute noch Pasteurisieren nennen. Damit stand die Technik, nur die Erkenntnis vom Wert der Früchte und ihrer Säfte für unsere Gesundheit fehlte noch im Volke.
Unangefochten als der große Pionier des Süßmostes und der Süßmostverbreitung in Mitteleuropa ist der Schweizer Hermann Müller-Thurgau in die Geschichte eingegangen. Müller-Thurgau galt nach Pasteur als der große »Ideologe«, der die biologischen Ursachen der Alkoholgärung von Frucht- und Traubensäften erkannte und die wissenschaftlichen Grundlagen für eine gärungslose

Obst- und Traubenverwertung schuf. Doch vielfach ist diese erste große Pioniertat vergessen, denn sein Name ist fast allgegenwärtig durch seine erfolgreiche Züchtungsarbeit auf dem Sektor des Weinbaus, die eine neuere Sorte hervorbrachte, die Kreuzung von der Riesling- und Silvaner-Rebe.

Uns aber sollen mehr die Grundlagen für die Herstellung alkoholfreier Getränke interessieren. Professor Dr. Müller-Thurgau brauchte zur genauen Erforschung der Vorgänge bei der alkoholischen Gärung jeweils frischen, unveränderten Traubensaft, der nur im Herbst während der Traubenernte zur Verfügung stand. Um aber das ganze Jahr seine Versuche fortsetzen zu können, kam er 1871 auf den Gedanken, im frischen Traubensaft die Mikroorganismen abzutöten. Zu diesem Zweck füllte er den Traubensaft sofort ab Presse in Flaschen ab, verkorkte und verband dieselben. Hierauf stellte er sie in einen mit Wasser aufgefüllten großen Kessel, den er so weit erwärmte, daß das Wasser und damit der Traubensaft 70 Grad erreichten. Auf diese Weise behandelte Säfte erwiesen sich tatsächlich als haltbar. Seine Schrift »Die Herstellung unvergorener und alkoholfreier Obst- und Traubenweine« erschien 1898 in der Schweiz. Sie stellte die erste veröffentlichte wissenschaftliche Grundlage der gärungslosen Obst- und Traubenverwertung dar.

Der als Antialkoholiker bekannte Gelehrte schrieb in der Einleitung dieses Büchleins:

Ob die Menschen ursprünglich des Alkohols wegen vergorene Getränke herstellten oder vielmehr nur deshalb, weil es ihnen nicht möglich war, die Gärung zuckerhaltiger Flüssigkeiten, wie zum Beispiel der Fruchtsäfte, zu verhindern, soll hier nicht weiter erörtert werden. An unserer Generation aber, welcher die Wissenschaft die nötigen Hilfsmittel darbietet, tritt die Pflicht heran, zu prüfen, ob es nicht richtiger ist, die Fruchtsäfte in unvergorenem Zustand aufzubewahren und zu genießen, in einem Zustand, in welchem sie nicht allein reicher an wichtigen Nährstoffen, sondern auch, weil alkoholfrei, der Gesundheit zuträglicher sind.

Den Zusatz von gärungshemmenden Substanzen lehnte Müller-Thurgau schon damals eindeutig ab, ein Standpunkt, der in unserer gesundheitsbewußten Zeit wieder verstärkt Anhänger findet. Die Versuche, durch Filtration die Mikroorganismen aus den Säften zu entfernen, scheiterten damals an den schleimigen Begleitstoffen. Diese verstopften die feinen Filter nach kurzer Zeit. Auch das Zentrifugieren führte zu keiner vollkommenen Entkeimung. So verblieb nur die dritte von Müller-Thurgau entwickelte Methode, die schonende Pasteurisation durch Wärme. Diese wird von Müller-Thurgau genau beschrieben und die notwendige Temperatur von mindestens 60 Grad während 15–30 Minuten eingehend begründet und mit Versuchsergebnissen belegt.

Dem Beispiel von Müller-Thurgau folgend, machten auch noch eine große Anzahl anderer Pioniere des Süßmostes von sich reden. Es wurden sogar Aktiengesellschaften gegründet, um das Volksgetränk in ausreichenden Mengen herzustellen. Doch konnte auch die Zeit der Industrialisierung (abnehmende Anzahl der Hausmostereien) die Freude an der Herstellung des eigenen Fruchtsaftes nicht schmälern.

Das Haltbarmachen von Süßmost

Pasteurisieren

Bei der Pasteurisierung wird der reine Saft der Früchte allein oder auch mit Zucker und Wasser vermischt, je nachdem, wie man das Getränk später wünscht, im Heißverfahren haltbar gemacht. Dabei darf jedoch nicht übersehen werden, daß Muttersaft wie auch Zucker und Wasser nicht über 75 Grad erhitzt werden, damit die Vitamine geschont bleiben und dem späteren Saft nicht ein Kochgeschmack anhaftet. Ein praktisches Hilfsmittel dazu ist ein sogenannter »Weck-Apparat«. Nach der Pasteurisierung mit einem solchen Gerät füllt man den Saft in Flaschen, wobei auch hier als wichtigste Grundregel gilt, daß Reinlichkeit oberstes Gebot für die spätere Freude am Saft und der Haltbarkeit des Saftes ist.

Beim Einfüllen ist zu beachten, daß die Flaschen nicht randvoll gefüllt werden, sondern der Flüssigkeitsspiegel 5 Zentimeter unter der Mündung liegt. Anschließend stellt man die Flaschen offen in den »Weck-Apparat«, wo sie etwa 20 Minuten bei 80 Grad auf dem Thermometer des Apparates, was einer Innentemperatur von 75 Grad entspricht, erhitzt werden.

Am besten verschließt man die Fruchtsaftflaschen mit Gummikappen, die es in verschiedenen Größen in jeder Drogerie oder auch Eisenwarenhandlung gibt. Unbedingt ist darauf zu achten, daß nach dem Öffnen des Sterilisierapparates die Flaschen sofort mit der Gummikappe verschlossen werden. Eine Kontrolle darüber, ob diese Gummiverschlüsse auch richtig schließen, ist, wenn nach dem Kaltstellen die Oberfläche der Kappe etwas in den Flaschenhals eingezogen ist.

Die Aufbewahrung der Saftflaschen geschieht – im Gegensatz zu Weinflaschen – nach langsamer Abkühlung stehend und bei der üblichen Kellertemperatur von 10–15 Grad.

Dampfentsaften

Die aus Aluminium hergestellten Dampfentsafter sind nicht teuer und in Haushalts- oder Eisenwarengeschäften zu erwerben. Das Gerät hat den Vorteil, daß mit der Wahl dieser Technik Saftgewinnung und Haltbarmachung in einem Arbeitsgang erfolgen. Große Früchte muß man allerdings etwas zerkleinern, vierteln genügt, z. B. bei Äpfeln und Birnen.

Beim Dampfentsaften bringt der von unten in den Fruchtbehälter eindringende Dampf die Früchte zum »Fließen«. Der Saft wird in einem eigenen Saftauffanggefäß gesammelt. Zeigt sich in dem im Saftauffangtiegel angebrachten gläsernen Kontrollstutzen, der wiederum zwischen zwei Gummischläuchen steckt, die erste Füllung, kann man sofort mit dem Abfüllen in vorgewärmte Flaschen beginnen.

Mit diesem Gerät lassen sich auch Gemüsesäfte und Kräutersäfte gewinnen, so daß sich die Investition für einen Dampfentsafter bestimmt lohnt.

Gemüsesäfte

Selbstverständlich wird nur Frischgemüse für die Saftzubereitung verwendet, also frisch aus dem Garten und frisch entsaftet. Die Mengen richten sich nach dem gegebenen Bedarf, hier muß man ausprobieren. Wer keinen Entsafter zur Hand hat, kann sich auch einer Gemüseraspel bedienen, um so Kraut und Rüben zu zerkleinern und anschließend in einem Tuch abzupressen.

Wer sich die Mühe macht, Mineralien und Nährstoffe der landläufigen Gemüsearten in Form eines frischen Saftes zu sich zu nehmen, wird bald feststellen, welch gute Kur er damit absolviert. Nachfolgend sollen die wichtigsten der in unseren Gärten vorkommenden Gemüse, die zur Saftbereitung geeignet sind, in alphabetischer Reihenfolge genannt werden. Zur geschmacklichen Verbesserung werden Saftbeimischungen vorgeschlagen. Bei allen etwas herb bzw. bitter schmeckenden Säften kann mit Honig oder Traubenzucker nachgeholfen werden.

Spinatsaft

Der Mineralwert des Spinats ist anerkannt sehr hoch, ob es sich hier um Eisen, Phosphor, Kalzium, Natrium oder Kalium handelt. In 100 Gramm Spinat sind zudem, um nur ein Beispiel zu nennen, 36 Milligramm Vitamin C. In kleine Bällchen zusammengedrückt, gibt man den Spinat in den Entsafter. Wem der gewonnene Saft zu »einseitig« ist, der kann mit Nektarinen-, Birnen-, Pfirsich- oder Apfelsaft das Getränk auf seinen persönlichen Geschmack »trimmen«.

Mohrrübensaft

Hier ist die Auswahl nicht schwierig. Vor allem sind Mohrrüben überaus ergiebig bei der Saftherstellung. Vitamin- und Nährstoffgehalt sind besonders groß. Vor allem muß hier kein Zusatz anderer Früchte gewählt werden, denn Mohrrübensaft ist allein ein ausgesprochen wohlschmeckendes Getränk. Wer den Geschmack variieren möchte, kann Apfel-, Sellerie- oder etwas Zitronensaft dazugeben.

Erbsensaft

Sind die Erbsen noch frisch und grün, müssen sie nicht entschotet werden. Ein gründliches Waschen in lauwarmem Wasser genügt. Vermischen kann man das gewonnene Säftchen mit Grapefruit- und Melonensaft. Ein Spritzer Zitronensaft verleiht eine besonders erfrischende Note.

Kohlrabisaft

Kohlrabi ist ein reicher Vitamin-C-Träger, er enthält auch Kalium und Phosphor in hohem Maße. Als Saftcocktail getrunken, kann man Avocado-, Mohrrüben- und Grünkohlsaft als Beimischung empfehlen.

Weißkohlsaft

Sehr hoch auch hier der Vitamin-C-Gehalt mit 37 Milligramm pro 100 Gramm »Rohstoff«. Wegen eventueller gastritischer Beschwerden sollte man den Weißkohlsaft mit Mohrrüben-, Tomaten-, Kiwi-, Mango- oder Kürbissaft mischen.

Wirsingsaft

Was beim Weißkohl gilt, kann auch beim Wirsing gesagt werden, der, in üppigem Maße als Saft getrunken, leicht zu Blähungen führt. Eine richtige Mischung mit Bananen-, Avocado- und Kiwisaft sorgt für das bekömmliche Maß.

Blumenkohlsaft
Brokkolisaft

Der gründlich geputzte und in Stücke geschnittene Blumenkohl oder Brokkoli, der zuvor 1 Stunde lang in warmem, gesalzenem Wasser eingelegt war, wird zusammen mit einer Tomate, einem Stück Melone, einer Mohrrübe oder auch einem Stück Banane in die Saftpresse gegeben.

Grünkohlsaft

Kalzium, Natrium und Kalium sowie Vitamin C sind hier in nennenswerten Mengen gegeben. Grünkohlsaft kann gut pur getrunken werden. Will man eine andere Geschmacksrichtung, dann empfiehlt sich ein Beimischen von Tomaten-, Kürbis-, Radieschen- oder Birnensaft.

Zwiebelsaft

Die Zwiebel muß geschält und geviertelt in den Entsafter gegeben werden. Hier ist es notwendig, die Zwiebel gleich mit Brokkoli, Kürbis, Roter Bete, Spinat oder Mohrrüben in den Entsafter zu geben, da ja der Zwiebelsaft aufgrund seiner »zu Tränen rührenden« Eigenschaft nicht »solo« getrunken werden kann. Abmildern kann man die beißende Schärfe durch Honigzugabe.

Chinakohlsaft

Chinakohl muß nicht unbedingt in Salzwasser geschwenkt, sondern kann nach gründlichem Waschen direkt in den Entsafter gegeben und der Saft unvermischt getrunken werden.

Fenchelsaft

Fenchel: ein wahrer Gesundbrunnen. Gut geputzt und der harten Stengelteile entledigt, vermischt mit Pfirsich-, Kirsch- oder Rhabarbersaft, ist der Fenchelsaft eine Abwechslung und zugleich eine gesunde Sache für jung und alt.

Lauchsaft

Eine besondere Reinigung erfordert der Lauch, der ja stets tief in Sand und Erde steckt. Lauchsaft hat einen ziemlich scharfen Geschmack, den man durch etwas Melonen-, Kürbis- und Avocadosaft mildern kann.

Spargelsaft

Der Saft dieses köstlichen Gemüses kann natürlich pur getrunken, aber auch mit Grapefruit- oder Zitronensaft etwas spritziger gemacht werden.

Selleriesaft

Nicht nur die Knolle, sondern auch die jungen Blätter und zarte Blattstiele können hier abgepreßt werden. Zur geschmacklichen Verbesserung empfiehlt sich Avocado-, Apfel- oder Melonensaft.

Petersilienwurzelsaft

Petersiliensaft ist ein wahrer Rekordträger, ein »Drei-Sterne-Mineralien-Träger«, wenn es um Kalzium und Kalium geht, und Rekordhalter im Vitamin-C- und Eiweißgehalt. Es wird nicht nur das Kraut, sondern vor allem die Wurzel entsaftet. Eine Mischung mit anderen Säften ist in fast allen Fällen möglich. Es lohnt sich auf alle Fälle, hier einen Cocktail zu »erfinden«, mit dem sich die Fülle der Petersilienernte auch ausnützen läßt.

Gurkensaft

Ungeschält, gewaschen und in kleine Stücke geschnitten, werden die Gurken in den Entsafter gegeben. Eine Geschmacksverbesserung läßt sich durch Tomaten-, Zwiebel-, Mohrrüben-, Schnittlauch-, Avocado- und Rhabarbersaft erzielen.

Tomatensaft

Ebenfalls ein wertvoller Vitamin-C-Träger. Der Saft der Tomate wird ja auch überall im Handel pur angeboten, so daß man mit Recht auch zu Hause diese Art der Gemüsesaftzubereitung vorziehen sollte. Empfohlen wird als Kombination die Zugabe von Schnittlauch-, Zwiebel- oder Petersiliensaft im Verhältnis von etwa 1:3 oder 1:4.

Feldsalatsaft

Wenn der Garten nicht mehr in vollster Blüte und bester Reife steht, dann wird man gerade um den Feldsalat froh und dankbar sein. Die gut gewaschenen und verlesenen Blätter dieses wertvollen Vitaminspenders sind in den Entsafter zu geben. Als Abwechslung ist ein Zusatz von Mango-, Mohrrüben-, Kürbis- oder Melonensaft anzuraten.

Rote-Bete-Saft

Zur Saftgewinnung eignen sich die kleinsten Knollen am besten. Ein Cocktail ist in der Mischung mit Orangen-, Mango- oder Apfelsaft zu empfehlen.

Endiviensaft

Gründlich waschen, beim Putzen verwelkte Blätter wegwerfen. Beim Abpressen können zur Geschmacksverbesserung zugemischt werden Birnen, Pfirsiche oder Äpfel.

Kopfsalatsaft

Auch vom guten alten Kopfsalat gibt es Saft und Kraft durch Vitamin-C- und Eiweißgehalt. Er läßt sich angenehmer trinken, gibt man ein bißchen Mango-, Melonen-, Avocado-, oder auch Feigensaft hinzu.

Radieschen- und Rettichsaft

Ebenfalls ein Gesundheitselexier, der Radi- bzw. Radieschensaft. Er hat einen scharfen Geschmack, der sich aber mit Zitronen-, Melonen- und Tomatensaft etwas mildern läßt.

Kürbissaft

Das kleingeschnittene Kürbisfleisch kommt in den Entsafter. Der Eigengeschmack, der nicht besonders ausgeprägt ist, kann mit Ananas-, Bananen-, Grapefruitsaft und nicht zuletzt mit etwas Honig »verschönt« werden.

Rhabarbersaft

Beim Rhabarber sind nur die Stengel genießbar, die geschält in den Entsafter gegeben werden. Der Geschmack des gewonnenen Saftes ist herb bis sauer. Deshalb sollte er mit etwas milderen Säften (Apfelsaft, Kürbissaft oder Zitronensaft) vermischt werden.

Beerensäfte

Beeren sind wohl am einfachsten zu entsaften. Hat man keine Saftzentrifuge zur Hand, so kann man sich hier gut mit einem Leinentuch behelfen, in das man die Früchte füllt, mit beiden Händen preßt und den Saft langsam in eine Schüssel ablaufen läßt. Man kann sie auch durch ein Sieb streichen und den Saft auffangen.
Beerensaft ist in den meisten Fällen recht dick und zähflüssig. Deshalb kann man diese gewonnene Saftausbeute gut und gerne etwas strecken, was mit dünnflüssigerem Saft geschieht. Hier gibt es letztendlich keine feste Empfehlung für einen bestimmten Geschmack. Ausprobieren und Zuschneiden auf den persönlichen Geschmack ist des Rätsels Lösung, um zu dem Genuß zu kommen, den man sich von dieser Fruchtsafterei verspricht.

Erdbeersaft

Man sieht es der Erdbeere fast an, daß sie vor Vitamin C strotzt. 100 Gramm Früchte können auf 60 Milligramm Vitamin C stolz sein. Kalium und Phosphor, Kalzium und natürlich auch Natrium und Eisen sind wertvolle Inhaltsstoffe. Zu süßen ist Erdbeersaft mit Honig und Traubenzucker. Mit Trauben-, Zitronen-, Apfel- und Birnensaft kann man den Erdbeersaft etwas auf die persönliche Geschmacksnote trimmen. Nach vorsichtigem Waschen mit lauwarmem Wasser kommen die Erdbeeren gleich in den Entsafter. Der Saft ist eine Köstlichkeit, er kann, ein wenig gekühlt, sein volles Aroma entfalten.

Traubensaft

Die Stiele brauchen nicht unbedingt entfernt zu werden, weil der Saft dadurch beim Abpressen keinesfalls beeinträchtigt wird. Der Saft ist – und das ist nicht verwunderlich – wohlschmeckend und am besten pur zu trinken. Sicher ist auch hier ein Cocktail mit Birnen-, Mango-, Papaya-, Mohrrüben-, Apfelsinen- oder Kiwisaft möglich.

Roter Johannisbeersaft

Auch sie sind am besten in einem Sieb mit lauwarmem Wasser gründlich zu übersprühen. Die Rispen müssen nicht entfernt werden. Beim Genuß von Johannisbeersaft empfiehlt es sich, Traubenzucker oder Honig beizumischen, um so die Sache leckerer zu machen. Als Cocktail ist die Beimischung von Pflaumen-, Kirsch- oder Kiwisaft zu empfehlen.

Schwarzer Johannisbeersaft

Über das Fünffache an Vitamin-C-Gehalt hat die schwarze Johannisbeere der roten voraus. In 100 Gramm sind 160 Milligramm Vitamin C enthalten. Bei der Zubereitung ist nicht anders zu verfahren wie bei den roten Johannisbeeren. Es schadet also auch hier nicht, wenn Beerenrispen mit in das Preßgut kommen. Die schwarzen Johannisbeeren, das muß nicht extra betont werden, haben die besten Geschmacksvoraussetzungen, was jeder bestätigt, der einmal diesen Saft gekostet hat. Eine Mischung mit Trauben-, Birnen-, Pflaumen- oder Ananassaft kann aber nicht schaden.

Himbeersaft

Bei Himbeeren ist immer Vorsicht geboten wegen des Würmerbefalls. Es ist deshalb gut, die Himbeeren sauber zu verlesen, bevor man sie in den Entsafter gibt. Himbeeren lassen sich gut mit Stachelbeeren, Birnen, Äpfeln, Apfelsinen oder Johannisbeeren mischen.

Heidelbeersaft

Heidelbeersaft schmeckt nicht nur Kindern, auch wenn man davon ganz blaugefärbte Lippen bekommt. Nach der Reinigung in lauwarmem Wasser werden die Beeren in den Entsafter gegeben. Ein Vermengen und eine Geschmacksaktivierung ist mit Ananas-, Kirsch- und Birnensaft zu empfehlen. Will man ein Kräuterextrakt beigeben, so kommen hierfür Zitronenmelisse und Kerbel in Frage. Auch ein Süßen mit Honig oder Traubenzucker ist möglich.

Brombeersaft

Es ist keineswegs schlimm, wenn man beim Abpressen von Brombeeren auch einige Stiele und Blütenansätze in die Maische bekommt. Das schadet dem Geschmack des Saftes keinesfalls. Frischer Brombeersaft läßt sich gut mit Kirsch-, Birnen-, Pflaumen-, Apfel- und Apfelsinensaft vermischen. Bei der Brombeere (wie auch bei vielen anderen Beerenarten) ist es möglich, mit Fenchel und Zitronenmelisse eine Kräuterbeimischung zu probieren – ganz nach dem persönlichen Geschmack. Wer es in dem einen oder anderen Fall süßer haben will, kann mit Honig und Traubenzucker nachhelfen.

Stachelbeersaft

Auch hier empfiehlt sich eine Reinigung der Beeren mit lauwarmem Wasser. Eine Verbesserung des Geschmacks mit Honig und Traubenzucker oder eine Vermischung mit Kiwi-, Pfirsich-, Papaya- oder Erdbeersaft ist möglich. Bei der Stachelbeere ist der Gehalt an Kalium, Phosphor und Kalzium besonders hoch.

Holunderbeersaft

Auch bei den Holunderbeeren können die Rispen mit in den Entsafter kommen. Vorher sollte man zur Reinigung die Holunderbeeren mit lauwarmem Wasser leicht übergießen. Eine Mischung des fertigen Saftes mit Mango-, Pfirsich-, Apfelsinen- oder Kirschsaft kann wesentlich zu einer etwas »lebendigeren« Geschmacksverbesserung beitragen.

Preiselbeersaft

Preiselbeeren sollten gründlich verlesen und mit lauwarmem Wasser gewaschen werden, bevor man sie in den Entsafter gibt. Man kann den gewonnenen Saft mit Honig und Traubenzucker süßen oder ihn mit Erdbeer-, Kirsch- und Nektarinensaft vermengen.

Obstsäfte

Der »Mutter Natur« ein Stück ihrer Geschenke abzugewinnen, ist in besonderem Maße auch bei der Verwertung von Obst zu frischen Säften nicht nur eine gesunde, sondern auch eine rentable Angelegenheit. Bekanntlich hat Obst wenig Kalorien bzw. Joule, ist aber trotzdem mit einem Reichtum an Vitaminen und Mineralstoffen gesegnet. Diese Genüsse wirken sehr zum Segen beim Stoffwechselvorgang, bei der Blutbildung, bei der Bildung von Muskelkraft und bei der Stabilisierung der Nerven. Nicht zu vergessen ist, daß man gerade durch den regelmäßigen Genuß von Obstsäften die Abwehrkraft gegen so mancherlei Krankheiten in hohem Maße beeinflussen kann. Da Obst meist einen hohen Zuckergehalt hat, kann man die meisten dieser Säfte ohne zusätzliche Zuckerung trinken. Wem aber der eine oder andere Saft doch etwas zu bitter schmeckt, kann mit Traubenzucker oder Honig die Sache lieblicher machen. Ein etwas säuerlich geratener Saft läßt sich auch gut mit einem süßen verschneiden.

Apfelsaft

Da in diesem Buch in der Hauptsache von Äpfeln und der Äpfelverwertung die Rede ist, muß hier die Verarbeitung nicht mehr eigens erläutert werden. Daß Apfelsaft sowohl pur als auch mit anderen Obst- und Gemüsesäften getrunken werden kann, dürfte klar sein. Besonders gut trinkbar kann man mit Apfelsaft Sellerie-, Tomaten-, Mohrrüben- und Kürbissaft machen.

Zitronensaft

Der hohe Kalium- und Vitamin-C-Gehalt (40 Milligramm Vitamin C in 100 Gramm Fruchtfleisch) machen Zitronensaft begehrenswert nicht nur dann, wenn man sich von einer Krankheit zu kurieren hat oder einer drohenden Grippe vorbeugen möchte. Bekanntlich lassen sich die Früchte mit einer Zitruspresse leicht entsaften. Eine höhere Saftausbeute kann man erreichen, wenn man die Früchte zuvor ein bißchen anwärmt und dann kräftig in der Schale drückt. Gesüßt wird Zitronensaft mit Traubenzucker oder Honig. Zur Geschmacksverbesserung eignen sich Beeren- und Obstsäfte aller Art.

Grapefruitsaft

Als Genuß mit hohem Vitamin-C-Gehalt (35 Milligramm pro 100 Gramm Fruchtfleisch) und Kalium und Kalzium als wichtigen Mineralstoffen ist Grapefruitsaft bei jung und alt beliebt. Das Entsaften ist einfach. Die Frucht ist zu durchschneiden und mit der Zitruspresse für den Kleinbedarf zu entsaften. Hat man vor, gleich einen Krug Grapefruitsaft an einem lauen Sommerabend seinen Gästen zu präsentieren, so sollte man die Frucht schälen, in grobe Stücke schneiden und in einem Entsafter verarbeiten. Cocktails sind in Mischung mit allen Beerensäften, Ananas-, Pfirsich-, Kiwi- und Mangosaft zu empfehlen. Traubenzucker kann das Ganze etwas lieblicher schmecken lassen. Wer einige Tropfen Waldmeister hinzugeben will, kann getrost auch diese Geschmacksrichtung ausprobieren.

Apfelsinensaft

Mit 38 Milligramm Vitamin C in 100 Gramm Frucht ist die Apfelsine gerade in den Wintermonaten von Bedeutung. Eine Apfelsine zu entsaften, ist bekanntlich ganz einfach mit einer Zitruspresse. Zusätze müssen nicht sein. Wer über Heiserkeit klagt, kann vielleicht ein bißchen Honig beimischen.

Ananassaft

Dieser hohe Vitamin-C-Träger, 36 Milligramm in 100 Gramm Frucht, ist vor der Fruchtsaftgewinnung sorgfältig aus der Schale zu schlagen und danach das Fruchtfleisch in kleine Stücke zu schneiden, um diese in den Entsafter zu geben. Ananassaft ist schon allein pur ein Vergnügen; er ist aber auch dazu angetan, fast alle anderen Obstsäfte angenehmer werden zu lassen. Besonders eignet sich eine »Verschneidung« mit Feigen-, Kiwi-, Mango-, Nektarinen-, Pfirsich-, Holunder- und Preiselbeersaft. Dem Ananassaft oder den vielfältigen »Verbindungen« »unterjubeln« kann man als Kräuter z. B. Fenchel, der Gesundheit wegen.

Mandarinensaft

Auch hier ist der Vitamin-C-Gehalt mit 48 Milligramm pro 100 Gramm Fruchtfleisch beachtenswert. Geschält, aber mitsamt den Kernen sind sie auszupressen. Da der Mandarinensaft sehr sehr süß ist, kann man beim Vermischen mit anderen Saftarten ruhig etwas bitterere in Betracht ziehen, ja sogar Feldsalat-, Chinakohl-, Brokkoli- oder auch

Endiviensaft. Eine etwas rasante Note kann man einem Mandarinensaftcocktail mit Radieschen geben. Als Kräuter passen Fenchel und Zitronen sowie Melisse dazu.

Pfirsichsaft
Nektarinensaft

Mit dem Messer in zwei Hälften geteilt und vom Stein befreit, gibt man Pfirsiche bzw. Nektarinen in den Entsafter. Vor dem Trinken kann der Saft zur Erfrischung im Kühlschrank etwas abgekühlt werden. Er läßt sich gut mit Beerensäften, Kirsch-, Tomaten-, aber auch Trauben- oder Melonensaft mixen. An wichtigen Mineralien sind hier vor allem Kalium und Phosphor zu nennen.

Aprikosensaft

Kalium und Phosphor dominieren hier als die wichtigsten Mineralien. Selbstverständlich sollen nur reife Aprikosen nach dem Waschen und Entsteinen in den Entsafter gegeben werden. Als Mischung zur Geschmacksverbesserung sind Trauben-, Pflaumen-, Apfelsinen- oder Ananassaft zu empfehlen. Als Beimischung von Kräutern ist an Waldmeister und Pfefferminz zu denken.

Kirschsaft

Zuvor mit lauwarmem Wasser gründlich gewaschen und dann entsteint, sind Kirschen zur Saftbereitung in den Entsafter zu geben. Kirschsaft ist ungeheuer erfrischend und wohlschmeckend, so daß man sich über eine Geschmacksverbesserung keine Sorgen machen sollte. Er kann aber mit allen Beerensäften, mit Melonen- und Mangosaft vermischt werden. Doch Kirschsaft pur ist eben auch schon ein echter Genuß.

Sauerkirschsaft

Zur Vorbereitung gibt es wohl keine Frage, auch hier ist es mit dem Waschen und Entsteinen getan. Wer den Sauerkirschsaft nicht so sauer mag, wie die Natur ihn bietet, kann dieses erfrischende Getränk mit Traubenzucker oder Honig süßen oder dies durch Beimischen süßer Säfte – Himbeer-, Mango-, Kiwi- oder Nektarinensaft – erreichen.

Pflaumensaft

Auch in dieser Frucht sind als Mineralien Kalium, Kalzium und Phosphor in hohem Maße vorherrschend, ganz gleich, ob es sich um blaue oder gelbe Pflaumen handelt. Die Früchte müssen entsteint werden, bevor man sie in den Entsafter gibt. Erfrischender wird Pflaumensaft durch Zugabe von Zitronen-, Kirsch- oder Apfelsinensaft.

Bananensaft

Es gibt wohl keine Kinder, die nicht gerne Bananensaft trinken. Die geschälten Bananen sollen aber vor der Saftbereitung ungefähr 2 Stunden in Zitronenwasser gelegt werden. Alles zusammen ist dann gemeinsam zu entsaften. Bananensaft eignet sich besonders gut zum Mixen. Gute Kombinationen ergeben sich mit Kaktus-, Feigen-, Kirsch-, Birnen- und Pflaumensaft.

Birnensaft

Birnen können ohne weiteres mit Schale und Kerngehäuse entsaftet werden. Alles in allem ist Birnensaft ein sehr erfrischendes Getränk, das für Cocktails gut zu gebrauchen ist. Köstlich schmeckt es, wenn man Papaya-, Zitronen- oder Nektarinensaft beimengt.

Melonensaft

Beim Schälen der Melone muß man nicht gerade vorsichtig vorgehen. Es empfiehlt sich sogar, auch das weißliche Fleisch unter der Schale wegzuschneiden. Der Rest ist in passende Stücke zu zerkleinern, wobei nicht einmal die Kerne entfernt werden müssen. Bei den Wassermelonen ist es bekanntlich nicht erforderlich, den Saft zu strecken, da der Wassergehalt sehr hoch ist. Ist einem der Wassermelonensaft zu fade, dann sollte man mit Mango-, Bananen-, Avocado- oder Beerensaft dem Ganzen einen Pfiff geben.

Kiwisaft

Sicher keine billige Angelegenheit, Kiwifrüchte zu Saft zu verarbeiten. Die aus Neuseeland zu uns kommenden Früchte sind aber ein Rekordhalter hinsichtlich des Vitamin-C-Gehalts, denn 100 Gramm Frucht genügen, um sage und schreibe 250 Milligramm dieses Vitamins zu verkonsumieren. Die Zubereitung ist sehr einfach. Die Kiwis müssen nur geschält und dann gleich in den Entsafter gegeben werden. Wer Kiwisaft etwas strecken will, kann dies mit Kirsch-, Nektarinen-, Birnen- oder Apfelsaft tun.

Passionsfruchtsaft

Sie reift in den Kontinenten der südlichen Erdkugel. Das Fruchtfleisch wird mit einem Löffel herausgeschabt und zusammen mit Äpfeln, Birnen oder auch Rhabarber gemeinsam entsaftet, was zur Streckung der Saftausbeute empfohlen werden muß.

Mangosaft

Mangofrüchte sind nur in reifem Zustand für die Saftgewinnung zu empfehlen und in den Entsafter zu geben. Mangosaft ist gut mit Nektarinen-, Mohrrüben- oder Traubensaft zu mischen. Zu achten ist aber darauf, daß nach dem Genuß nicht gleich weitere Flüssigkeiten in großer Menge getrunken werden (Blähungen!)

Papayasaft

Zwischen 500 Gramm und 10 Kilogramm können sie wiegen, die Papayas, die zu den Melonengewächsen zählen. Empfohlen wird, Papayas in unreifem Zustand auszupressen, da so das darin enthaltene »Papain« in höchstem Maße wirksam ist. Für die Saftbereitung wird die Haut entfernt, die Früchte geteilt, die Kerne ausgeschabt und dann die Frucht in kleinere Stücke zerschnitten. Eine Geschmacksverbesserung läßt sich durch Zugabe von Beerensäften, Kirsch-, Apfel- oder Birnensaft erreichen.

Avocadosaft

Die Avocadofrüchte sollen nicht zu dünn geschält werden. Wenn sie zerteilt und entsteint sind, müssen sie sofort in den Entsafter gegeben werden. Zu empfehlen ist, dem Avocadosaft Zitronensaft beizumischen. Diese eisen- wie kalziumhaltige Frucht kann man auch allen Beerensäften, Grapefruit- und Apfelsaft als eine geschmackliche Verbesserung beifügen. Nicht schaden kann als heilsamer Zusatz Knoblauch-, Fenchel- oder Majoransaft.

Kräuteressenzen

Wie dem Wein stärkende Kraft für Gesunde und Kranke zugeschrieben wird, so sind in Wein eingelegte Kräuter, aus Kräutern hergestellte Liköre und sirupartige Kräutergenüsse schlechthin Mittel zur Gesunderhaltung des Organismus, aber auch eine wirksame Medizin.
In mittelalterlichen Zeiten war die Herstellung von ätherischen Ölen und Essenzen aus Kräutern und Gewürzen vorwiegend Klöstern vorbe-

Von den Klöstern gepflegt und unters Volk gebracht: ätherische Öle und Essenzen.

halten, von denen aus mit der Missionierung und Besiedlung manches Rezept hinausgetragen wurde bis in die entlegensten Gebiete Europas. Die Altvordern haben die Rezepte für diese Elixiere von Generation zu Generation weitervererbt. Sie konnten eine vollständige Aufstellung über die Zusammensetzungen von Tinkturen und Kräuterweinen, Siruparten und Preßsäften geben. Für Preßsäfte gilt, daß nur frische Pflanzenteile verwendet werden, da ein Kräutersaft allzusehr verfällt, d. h., nur eine kurze Zeit der Haltbarkeit hat. Preßsäfte lassen sich beispielsweise aus Löwenzahn, Melisse, Wacholder, Schachtelhalm und Brennessel herstellen.

Die Ausbeute an Saft ist natürlich gering, aber man trinkt ja auch nicht gleich ⅛ Liter davon, sondern nimmt diese Säftchen löffelweise bzw. teelöffelweise zu sich.

Um den oft nicht gerade wohlschmeckenden Saft leichter »hinunterzubringen«, sollte man eine Verdünnung mit Wasser in Betracht ziehen.

Die Gewinnung des Saftes kann mit einem herkömmlichen Entsafter oder auch durch Stampfen geschehen. Will man dessen Heilkraft auch in den Winter hinüberretten, so gibt es hierfür verschiedene Möglichkeiten. Es gibt Kräuterweine und -liköre, Kräutersirups, in Öl eingelegte Kräuter und nicht zuletzt Tinkturen.

Kräuterwein

Beim Kräuterwein geht man so vor: Ein Sträußchen frisch gepflückter Kräuter in einen guten Weiß- oder Rotwein mit hohem Alkoholgehalt einlegen und diese Mischung 1 Woche bis 10 Tage an einem warmen Ort stehen lassen. Bevor man den Kräuterwein in gut verschließbare Flaschen füllt, muß natürlich das Ganze fein säuberlich abgesiebt werden.

Kräuterwein sollte achtelweise nach dem Mittag- und Abendessen getrunken werden.

Kräuterlikör

Kräuter und/oder Wurzeln sollen zum Einziehen mit 1,5 Liter Alkohol (am besten 80prozentig) zusammengetan und in einem verschlossenen Glas an ein sonniges Fenster oder an die Heizung gestellt werden. Nach knapp 1 Woche sollen sie sich dann gegenseitig ergänzen, was diesem Mischungsprozeß nur guttut. Damit ist die »Geburt« eines Kräuterlikörs geschehen.

Auch hier muß das Ganze abgefiltert werden, um das durchaus gaumenerfreuende Getränk anschließend in Flaschen abfüllen zu können.

Entgegen der Gewohnheit bei Kräuterweinen ist hier zu raten, vor dem Essen ein Gläschen gewissermaßen als Aperitif zu sich zu nehmen.

Kräutersirup

Mit einem Kräutersirup kann man vor allem Kinder erfreuen, klagen sie einmal über Leib- und Magenschmerzen, Verschleimung, Bronchialkatarrh und Husten. Mit starker Zuckerzugabe läßt sich der meist anwidernde Geschmack der Pflanzenextrakte etwas abbauen. Die frisch aus dem Garten geholten Kräuter (z. B. eine Menge von 100 Gramm) werden zusammen mit ungefähr 1 Liter Wasser wenige Minuten ge-

kocht. Diese Rohsubstanz muß einige Stunden oder auch 1–2 Tage ruhen. Nach dem Abpressen und Filtrieren sollen dieser Mischung 500 Gramm Rohrzucker beigegeben werden.
Am gängigsten angewandt wird z. B. Sirup aus Spitzwegerich oder Thymian, der bei Husten hilft.

Kräuter, um nur einen Hinweis zu geben, können auch in Öl eingelegt werden, was eine Zeit von 2–3 Wochen in Anspruch nimmt. Tinkturen erhält man, wenn frische oder getrocknete Kräuter in 70prozentigen Alkohol eingelegt werden. Die eigene Hausapotheke erfährt auf diese Weise eine echte Bereicherung.

Vom Weine. 229

Im regnichten und feuchten Wetter muß man keine Trauben schneiden, denn die Weine werden darnach wässericht.

Wenn der Wein zähe werde.

Der Wein, so im wachsenden Monden gelesen und gepresset wird, pfleget lang und zähe zu werden, und hat überflüßige böse Feuchtigkeiten bey sich.

Honig-Wein zu machen.

Honig-Wein, Oenomel genannt, wird also gemacht: Nimm einen Theil Honig und 5. Theile Wein, siede es mit einander.

Wie der Wein zu gebrauchen.

Der Wein, mit Maase getruncken, erfreuet des Menschen Hertz, stärcket die Glieder, und giebt Krafft in denen Lenden, schärffet auch den Verstand, macht Appetit und Courage.

Was noch besser sey, als Wermuth-Wein.

Wermuth, Wein-Raute und Pfeffer im Wein gesotten und getruncken, ist besser den Wermuth-Wein.

Der eigene Essig

Sicher wird einer, der erstmals an das Mosten bzw. die Fruchtweinbereitung herangeht, nicht danach trachten, Essig zu produzieren. Nimmt man es mit der Hygiene beim Keltern aber nicht so genau und vergißt man die ausreichende Desinfektion der Gärbehälter, dann kann es durchaus vorkommen, daß sich Essigbakterien bilden und aus dem ersehnten, erfrischenden Getränk nichts wird. Stäbchenförmige Essigbakterien können nämlich den Alkohol unter Einwirkung von Sauerstoff in Essigsäure und Wasser vergären. Das riecht man dann schon sehr bald, denn der Most bekommt einen Essigstich.

Das »Kurieren« eines essigstichigen Mostes ist nur schwer möglich (Seite 58). Passiert einem eine solche Panne, kann man daraus vielleicht dennoch einen kleinen Nutzen ziehen, indem man für den Hausgebrauch Essig abfüllt. Er ist wie gewöhnlicher Essig zu verwenden. Ein essigstichiges Faß darf keinesfalls mehr im Keller bleiben.

Wer sich bei der Essigherstellung Mühe gibt oder es sogar von Anfang an darauf anlegt, der wird zu einem zufriedenen Erfolg kommen können. Guten Essig kann man mit Hilfe von Buchenholzsägespänen herstellen, die man zuvor mit Essigbakterien anreichert, also mit dem im Handel erhältlichen Essig tränkt, die Späne dann in einem Holzfaß aufschichtet und darüber den gewonnenen Fruchtwein fließen läßt. Man soll aber den Wein nicht in großen Güssen über die Essigbakterienkolonien in den Buchenspänen gießen, sondern so: In einem kleinen Abstand über der Spanablagerung wird in das Faß ein entsprechendes kreisrundes Brett eingepaßt, in dem haarnadelgroße Löcher sind. Diese Vorrichtung macht es möglich, daß die Flüssigkeit sich über die Späne nur tropfenweise ergießt und so die Flüssigkeit recht lange der Luft ausgesetzt ist. Bei einer solchen Handhabung erhält man bereits in einer Woche einen vom Bouquet her sehr guten Salatessig. Hat sich der Essig dann am Faßgrund abgesetzt, kann man ihn über einen hölzernen Auslaufbahn nach Belieben abzapfen.

Zum Most und aus Most

Spätestens dann, wenn bei einer geselligen Mostprobe der Durst gelöscht ist, stellt sich bekanntlich der Hunger ein. Und da wär's schlecht um den Gastgeber bestellt, wenn er nicht mit einer passenden »Atzung« aufwarten könnte. Am besten und dankenswertesten ist, so lehrt die erfreuliche Erfahrung aus den Most-Ländereien, eine anständige Brotzeit zu servieren mit hausgeräuchertem Schweinespeck und Roggenbrot, wobei der Speck mild sein und fast auf der Zunge zergehen, das Brot aber »Biß« haben und kernig sein muß. Selbsteingelegte Essig- und Senfgurken können dazu eine wünschenswerte Ergänzung sein. Gut und vor allem für die verschiedenen Gaumenfreuden eine echte Abwechslung ist es, nicht nur Rauchfleisch frisch aus dem Kamin, sondern auch Surfleisch und dazu gekochtes Bauerngeräuchertes auf einem hölzernen Brett anzurichten.
Ausprobierenswert ist auch eine mit Most angereicherte Spezialität, wie zum Beispiel Mostkekse oder auch gedünstetes Obst mit einer Weinschaumtunke aus Most (für die Damen).

Mostkekse

200 Gramm Mehl, 200 Gramm in Stückchen geschnittene Butter und eine Prise Salz werden auf ein Arbeitsbrett gegeben und dann mit 3½ Eßlöffeln Most zu einem festen Teig verknetet. Der Teig soll zugedeckt wenigstens 1 Stunde ruhen, bevor er gute 2 Millimeter dick ausgerollt wird. Mit einem kleinen Most- bzw. Weinprobierglas sticht man dann den Teig zu Kreisen. In die Mitte dieser Keks-»Rohlinge« setzt man ½ Teelöffel Konfitüre. Die Konfitüre soll natürlich einen pikanten Geschmack haben: Preisel- und Johannisbeeren eignen sich dafür vorzüglich. Diese ausgestochenen Scheibchen werden nun über der Füllung zu einem Halbkreis zusammengeschlagen, am Rande festgedrückt und auf ein gefettetes Backblech gesetzt und bei ca. 150 Grad goldgelb gebacken. Man kann, muß aber nicht, das goldgelbe Gebäck in Puderzucker wälzen.

Weinschaumtunke aus Most

Gewiß als Spezialität gilt eine Weinschaumtunke aus Most. Hierzu braucht man für 2 Personen ¼ Liter Apfelmost und verrührt ihn mit 100 Gramm Zucker und 3–4 Eigelb. Bei mäßiger Hitze, am besten auf dem Wasserbad, wird die Masse schaumig aufgeschlagen und als Süß- oder Nachspeise serviert.

Und wenn von der Mostprobe Mostreste bleiben, kann man am nächsten Tag einen *Mostbraten* zubereiten. Die Zubereitung dieser überlieferten Spezialität stammt aus dem Praktischen Koch-Buch von Katharina Schreder, 8. Auflage, Wien 1881.

Mostbraten

Ein von Beinen gelöster Lungenbraten wird so wie der Saftbraten behandelt, nur daß anstatt Speck geschnittenes Fleck verwendet wird, dann belegt man den Boden einer Ovalkasserole mit blattlig geschnittenem Fleck, gibt Wurzelwerk Gewürz und einige Lorbeerblätter dazu und legt den Braten darauf.

> Braun eingegangen, werden von Zeit zu Zeit einige Löffel voll Suppe zugegossen einige Brotschnitten und Limonienschalen um den Rand gelegt, mit Most voll angefüllt und, nachdem man 1 Stück Zucker mit Zimmt dazugegeben hat, zugedeckt, der Rand mit Papierstreifen gut vermacht und so 3 bis 4 Stunden weich gedünstet. Kurz vor dem Gebrauche wird der Deckel weggenommen, der Braten tranchirt, mit dem passirten Saft, von dem man das Fett abgenommen und dafür abgerebelte Weintrauben hineingegeben hat, übergossen und mit fein geschnittenen Limonienschalen bestreut.

Auch als »Heilmittel« hat der Most eine beliebte und wohlschmeckende Verwendung gefunden:

Glühmost

Gut gegen hartnäckige Erkältungen: Einem halben Liter Apfel- bzw. Mischlingsmost sind einige Gewürznelken, Zimtrinde, abgeriebene Zitronenschale und 2–3 Eßlöffel Zukker hinzuzugeben. Nachdem man das Ganze kurz aufkochen und etwas ziehen läßt, soll es so heiß wie nur ertragbar getrunken werden. Vorsicht: Aufgrund des entstehenden hohen Alkoholgehalts ist Autofahren nach der Einnahme dieser »Medizin« nicht zu empfehlen.

Quellenverzeichnis

Paul Arauner und Kellerei-Ing. Martin Voit, Kitzinger Weinbuch, Selbstverlag der Firma Paul Arauner KG, Kitzingen 1982.

Paul Arauner, Süddeutscher Obstmost – ein Beitrag zur Obstverwertung, Kitzingen 1981.

Bayerischer Landesverband für Gartenbau und Landespflege, Häusliche Fruchtsaft- und Fruchtweinbereitung (Merkblatt).

Dr. Hilde Böhm-Bertram, Die Süßmosterzeugung als Glied der deutschen Volkswirtschaft, Tageblatt-Haus, Coburg 1937.

Elisabeth von Cramer-Klett, Alte Bauernregel, Wilhelm Heyne-Verlag, München 1982.

Robert Fritzsche, Fritz Heberlein, Heinrich Schmid, Schweizer Pioniere der Wirtschaft und Technik Prof. Müller-Thurgau, Herausgeg. vom Verein für wirtschaftshistorische Studien, Zürich 1974.

Nikolaus Flüeler, Von der Rebe zum Wein, Weinbau in der Schweiz, Ex libris Verlag, Zürich 1980.

Rainer Gölz, Hausmachers Weinbuch, Verlag Hölker, Münster 1982.

Johann Hintermayr, Das Mostviertel und sein Museum in Haag, Eigenverlag Johann Hintermayr, Haag 1978.

E. Holfelder, Die Verwertung von Obst und Gemüse aus dem eigenen Garten, Obst- und Gartenbauverlag, München 1978.

Manfred Köhnlechner, Heilkräfte des Weines, Knaur, München/Zürich 1978.

Wilhelm Rieß, Vom Most und den Mostschädeln, Oberösterreichischer Landesverlag, Linz 1983.

Friedrich Sauer, Anleitung und Vorschriften zur Kelterung, Friedrich Sauer, Gotha 1921.

Schanderl, Koch, Kolb, Fruchtweine, Ulmer Fachbuch-Verlag, Stuttgart 1981.

John Seymour, Vorräte anlegen, Handwerklich arbeiten, Otto Maier Verlag, Ravensburg 1979.

Stiftung Warentest, Zeitschrift für Warentest, Herausg. Stiftung Warentest, Berlin 1984.

Studer, Daepp, Sutter, Vorratshaltung von Obst und Gemüse, Verlag Eugen Ulmer, Stuttgart 1983.

Keit Wicks, Wein keltern, Otto Maier Verlag, Ravensburg 1980.

Sachregister

Abfüllen 64
Abziehen 56
Acidometer 49
Agar-Agar 34
Alkoholgehalt 48
Alkoholometer 56
Antigel 34
Apfelzider 20
Aräometer 47

Ballonreinigungsbürste 33
Bauernregeln 12
Beerenmühlen 42
Bitterwerden des Mostes 63

Dampfentsaften 101
Dessertwein 20
Dioskurides 9

Edelstahlbehälter 34
Essigherstellung 114
Essigstich 58
Etikettieren 66

Fallobst 28
Faßbinder 29 ff.
Faßlagerung 31
Faßpflege 31
Fauliger Hefegeruch 63
Flaschenfarbe 65
Flaschengärung (Sekt) 90
Fruchtsaft 98
Fruchtsaftgetränk 98
Fruchtwein 20

Gärglas richtig aufsetzen 52
Gärstarter 52
Gärtemperatur 55
Gärzeit 54
Glasballon 33
Grauer Bruch 63
Guter Most, Merkmale 71

Hefeabstrich 56
Hefeböckser 63
Hefenährsalz 37
Heferassen 34
Holzfaß 29

Jungwein 55

Kahmiger Most 59
Kaliumpyrosulfit 37
Kieselsol 37
Kohlensäurebildung 55
Korbpresse 44 f.
Korken 64
Kosten der Fruchtweinherstellung 21 f.
Kunststofftank 33

Lagertemperatur 66
Lagerung 66
Lagerzeiten 67
Liköre 20
Likörwein 20

Maischegärung 72
Mäuselnder Most 62
Most 20
Mostgewicht 47
Mostheiliger 11
Mostkrankheiten 58
Mostmuseum 14
Mostpressen 14 ff.
Mostprobe 68
Mostwaage 47
Müller-Thurgau 99

Nachgärung 56
Naßkonservierung von Holzfässern 31
Naßverbesserung 49
Nektar 98

Obstbaumbestand 26
Obstertrag pro Baum 26
Obstmühlen 42 f.
Obstpressen 14 ff.
Obstsüßmost 98
Obstwein 20
Öchsle, Ferdinand 47
Öchslewaage 47

Pasteurisieren 99, 101
Pektingehalt 72
Plinius 10
PVC-Tank 33

Rahmigwerden des Mostes 63
Reinigen der Flaschen 64
Reinigen von Korken 64
Reinigen von Mostobst 42

Reinzuchthefeanstalten 53
Reinzuchthefen 34, 53
Restsüße 56
Roßwalzl 16

Saccharomyces 53
Saftmengen pro 10 kg Früchte 45
Sankt Sebastian 11
Sauerkrautgeruch 62
Säureaufbesserung 49
Säuregehalt feststellen 49
Schaumweinbereitung 90
Schimmel 62
Schleimiger Most 59
Schwarzer Bruch 62
Schwefelböckser 63
Schwefeltabletten 37
Schwefelung 57
Sekt 20
Sektherstellung 90
Selbstgärung 51
Selbstklärung 55
Sperrflüssigkeit 51
Spindelpresse 45
Stammbaumhefen 34
Süßmost 21, 99

Tischwein 21
Trester 45
Tresterkuchen 45
Trockenhefeverwendung 52
Trockenlagerung von Holzfässern 31
Trockenverbesserung 48
Trubteilchen 51, 56

Verkorken 64
Verkorkungsgerät 65
Vinometer 56 f.
Volumenprozent 48

Wein 21
Wein-Buchhaltung 67
Weinheber für Hefeabstrich 56
Weinkrankheiten 58

Zäher Most 59
Zerkleinern von Mostobst 42
Zuckergehalt feststellen 47
Zuckerzugaben 37

Damit Trinken zum vollendeten Genuß wird... BLV Bücher

BLV Idee & Praxis –
Essen und genießen 521

Horst Scharfenberg
Genüßliche Weinkunde

In diesem Weinbüchlein erfährt der Weinfreund alles, was er über den richtigen Umgang mit Wein wissen muß – über Einkauf, Lagerung, Servieren, Temperieren, Dekantieren, Einschenken, Gläser, über Wein im Restaurant, zum Essen und in der Küche, über die Weinprobe sowie über Wein und Gesundheit. Zudem erhält der Leser einen Überblick über die bekanntesten Lagen und beliebtesten Weine aus Deutschland und dem europäischen Ausland.

95 Seiten, 70 Farbfotos,
1 s/w-Foto

BLV Idee & Praxis –
Essen und genießen 533

Michael Brückner
Longdrinks und Cocktails

Dieses Buch informiert Sie über die unentbehrlichen Geräte und Zutaten sowie über die Zubereitung von Longdrinks und Cocktails. Die Produktbeschreibungen stellen Ihnen die wichtigsten internationalen Spirituosen und Südweine vor – und die Drinks, die Sie damit mixen können. Auch ohne Alkohol läßt sich Raffiniertes mischen – ein eigenes Kapitel gibt Ihnen ausgesuchte Kostproben.

95 Seiten, 36 Farbfotos,
1 s/w-Foto

BLV Idee & Praxis –
Essen und genießen 516

Peter Martin Urtel
Die Kunst Tee zu trinken

Teefreunde und -genießer können mit diesem Büchlein durch die Wunderwelt des Tees reisen. Sie erfahren Interessantes vom Duft und vom Geschmack des Tees, vom Teestrauch, seiner Geschichte, vom Tee-Anbau, von Blättern, Sorten und Mischungen, vom Teehandel und der Teesteuer. Selbstverständlich wird auch über die Zubereitung, die Tee-Zeremonien, das richtige Porzellan und Teegeschirr sowie über Rezepte zum Tee informiert.

95 Seiten, 49 Farbfotos,
5 s/w-Abbildungen, 1 farbige Karte,
1 Zeichnung

BLV hat einen weiteren Titel von Egon M. Binder, dem Autor dieses Buches, im Programm:

BLV Kochpraxis

Knödel, Klöße und andere runde Sachen

Ob Semmel-, Reiber- oder Leberknödel, Kartoffelklöße oder Klopse, ob böhmische oder französische Knödel: dieses Buch bietet dem Liebhaber herzhafter Gerichte eine Rezept-Rundschau über die Knödel-, Kloß- und Klops-Spezialitäten Europas. Entdecken Sie, wie vielseitig Gerichte köstlich »abgerundet« werden können!

119 Seiten, 19 Farbfotos,
43 s/w-Abbildungen

BLV Verlagsgesellschaft München

Rezeptregister

Ananassaft 108
Apfeldessertwein 83
Apfelsaft 107
Apfelsinensaft 108
Apfelzider 83
Aprikosensaft 109
Avocadosaft 111

Bananensaft 109
Birnensaft 110
Blumenkohlsaft 103
Brokkolisaft 103
Brombeersaft 106
Brombeerwein 79

Chinakohlsaft 103

Ebereschenlikör 86
Ebereschenwein 83
Endiviensaft 104
Erbsensaft 102
Erdbeersaft 105
Erdbeerwein 74
Essig 114

Feldsalatsaft 104
Fenchelsaft 103

Glühmost 116
Grapefruitsaft 108
Grünkohlsaft 103
Gurkensaft 104

Hagebuttenlikör 89
Hagebuttenwein 80

Heidelbeerlikör 89
Heidelbeersaft 106
Heidelbeerwein 77
Himbeersaft 106
Himbeerwein 79
Holunderbeersaft 107
Holunderbeerwein 80
Holunder-»Sekt« 91

Johannisbeersaft 106
Johannisbeerwein 75

Kirschsaft 109
Kirschwein 76
Kiwisaft 110
Kohlrabisaft 102
Kopfsalatsaft 104
Kräuterlikör 112
Kräutersirup 112
Kräuterwein 112
Kürbissaft 105

Lauchsaft 103

Mandarinensaft 108
Mangosaft 110
Melonensaft 110
Mirabellenwein 81
Möhrensaft 102
Mostbraten 115
Mostkekse 115

Nektarinensaft 109

Papayasaft 110
Passionsfruchtsaft 110
Petersilienwurzelsaft 104

Pfirsichsaft 109
Pflaumensaft 109
Preiselbeersaft 107

Quittenwein 81

Radieschensaft 104
Rettichsaft 104
Rhabarbersaft 105
Rhabarberwein 73
Rote-Bete-Saft 104

Sauerkirschsaft 109
Sauerkirschwein 76
Schlehenlikör 89
Schlehenwein 82
Selleriesaft 103
Spargelsaft 103
Spinatsaft 102
Stachelbeersaft 109
Stachelbeerwein 76
Süßkirschwein 76

Tomatensaft 104
Traubensaft 106
Traubenwein 85

Walnußlikör 86
Weinschaumtunke aus
   Most 115
Weißkohlsaft 102
Wildkirschlikör 89
Wirsingsaft 103

Zitronensaft 108
Zwiebelsaft 103